HARALD PETERSEN

Segensworte

Gottes Reichtum neu entdecken

SCM Hänssler

SCM

Stiftung Christliche Medien

Bestell-Nr. 394.993
ISBN 978-3-7751-4993-8

© Copyright der deutschen Ausgabe 2009 by
SCM Hänssler im SCM-Verlag GmbH & Co. KG · 71088 Holzgerlingen
                    Internet: www.scm-haenssler.de
                    E-Mail: info@scm-haenssler.de
Gesamtgestaltung: oha werbeagentur gmbh, Grabs, Schweiz;
                    www.oha-werbeagentur.ch
Titelbild: shutterstock.com/Olaru Radian-Alexandru
Druck und Bindung: CPI – Ebner & Spiegel, Ulm
                    Printed in Germany

Die Bibelverse sind folgender Ausgabe entnommen:
Lutherbibel, revidierter Text 1984, durchgesehene Ausgabe in neuer Rechtschreibung,
© 1999 Deutsche Bibelgesellschaft, Stuttgart.

Vorwort

Ist Ihnen schon einmal aufgefallen, dass Segensworte meist – oder sogar immer? – per Du geschrieben und gesprochen sind? Gott duzt uns, denn er ist uns als himmlischer Vater ganz nah, liebend nah, segnend nah.

Bis heute gibt es viele Segensworte, manche mit langer Geschichte, andere sind erst in jüngerer Zeit entstanden und doch schon allen bekannt – vielleicht sogar zu bekannt. Mich jedenfalls bringen neue Worte immer wieder zum Nachdenken.

Wort und Werk
Beim Segnen geht es aber nicht nur um Worte, sondern um Gottes Werke. Wir sehen sie in der Schöpfung ebenso wie im Leben einzelner Menschen. Gottes Kraft wirkt und beschenkt uns.

Auspacken und einpacken
Täglich können wir Gottes Segen auspacken wie ein Geschenk, denn Segen *ist* ein Geschenk. Ich habe verschiedene Segenswünsche neu in Worte gefasst, quasi neu verpackt, für den Gebrauch in der Familie oder in der Gemeinde.

Empfangen und weitergeben
Wer von Gott gesegnet ist, hat den Auftrag, auch Segensträger für andere zu sein. Es geht nicht nur um uns. Daher kann sich der Bogen vom Aaronsegen über neue vorformulierte Texte bis zu selbst gestalteten Segenswünschen spannen, an deren Erfüllung

wir mitwirken dürfen. Dies tun wir sozusagen Seite an Seite mit Gott.

Gott segne Sie reichlich und überraschend!

Harald Petersen

Gottes Segen erfreue dich wie ein Kuss,
er überrasche dich wie ein Geschenk
und tue dir wohl wie gute Freunde.
Sie werden wieder gehen –
Gottes Segen möge bei dir bleiben.

Leben, weil Gott
uns segnet

»Herzlichen Glückwunsch und Gottes Segen!«
Strahlend ging der Gottesdienstbesucher nach
der Trauung auf das junge Paar zu und sagte: *»Ich
wünsche Ihnen viel ...«,* dann stockte er und fuhr
nach einer kurzen Denkpause fort: *»Ich wünsche
Ihnen von Herzen Gottes Segen.«* Anscheinend hat-
te ihn als Christ der Mut verlassen, den Frischver-
mählten *Glück* zu wünschen. Aber wieso? Ist diese
»Standardgratulation«, in der Glück und Segen
genannt werden, eine Verlegenheitsformel, oder
können Christen bewusst so sprechen?

Segensspuren Gottes in unserem Leben
Bevor wir tiefer ins Thema einsteigen, möchte ich
Sie einladen, sich zu den folgenden Fragen ein
paar Gedanken zu machen. Es ist hilfreich, dies
schriftlich zu tun; Zettel und Stift liegen sicher in
Ihrer Nähe:

- An welche Segnungen *vor langer Zeit* denke ich
  gern zurück?
- Wie hat Gott mich *in diesem Jahr* gesegnet?
- Wie segnete Gott mich *in dieser Woche?*
- Wie habe ich Segen *durch Menschen* erlebt?
- Wann und wie habe ich *andere Menschen* geseg-
  net?

Und beschreiben Sie zum Schluss noch mit zwei
oder drei Sätzen, was Sie unter Segen verstehen.
Dann kann's weitergehen.

Erfahren und Erflehen

Erflehen ist mehr als nur erbitten, es ist tiefgründiger: Erbitten kann ich zum Beispiel einfach die Zeitung des Nachbarn oder seine Hilfe, wenn ich die Waschmaschine versetzen muss. Flehen setzt eher voraus, dass ich dringenden Bedarf verspüre. Und dringenden Bedarf, gesegnet zu werden, hat jeder. Aber nicht jeder spürt es und geht dem nach.

Ich habe oft die Kraftwirkung des Segnens erfahren und möchte nicht missen, dass Gott uns seine Zuwendung in dieser Art anbietet. Damit geht eine wichtige Aufgabe für die Glieder im Leib Christi einher.

Segen ist nicht nur an »Meilensteine« des Lebens gebunden, wie die Kindersegnung, Mitarbeitereinsetzung und Trauung, sondern sollte in unserem Leben immer wieder vorkommen. Tag für Tag will Gott uns segnen. Und er tut es gerne. Dabei spielt es keine Rolle, ob jemand Gottes Segen für eine Beziehung erbittet oder im Zusammenhang mit einer beruflichen Herausforderung oder weil sein Glaube müde geworden ist oder einfach nur, um seinen Kindern ein guter Papa oder eine gute Mama zu sein. Im Segen begegnen wir Gottes Vielfalt, das wird deutlich, wenn wir in sein Wort schauen.

Segenserfahrungen in Gottes Wort

Nur »Messbechersegen« im Alten Testament?

Segen ist nichts Mystisches, sondern hat im Alten Testament Hand und Fuß. Er wird sehr oft als äußerer Wohlstand beschrieben, zum Beispiel durch gelingende Arbeit, fruchtbare Äcker und viel Vieh. Salopp könnte man sagen, im Alten Testament kann Segen mit Zollstock und Messbecher nachgewiesen werden. Gott segnet Schöpfung und Mensch (1. Mose 1,28), auch durch zahlreiche Kinder und Enkel. Der Segen ist quasi eine Altersversorgung und Ehre (1. Mose 26,12; 5. Mose 33; 1. Mose 49). Hier kommt 1. Mose 12,2-3 eine besondere Bedeutung zu, denn die bekannte Verheißung an Abram ist ein *»globaler«* Segen der damaligen Zeit: »*In dir sollen gesegnet werden alle Geschlechter auf Erden.*«

Allerdings darf man daraus nicht ableiten, dass es den Frommen immer gut und den Gottlosen immer schlecht geht. Asaf, von dem uns einige Psalmen überliefert sind, ist ein Beweis dafür, dass es auch ganz anders erlebt werden kann. Ihm ging es nicht gut, er musste auf vieles verzichten und sah um sich herum die Gottlosen gesund und wohlgenährt. In Psalm 73 beschreibt der Gottesmann, wie er dennoch von Gott gesegnet wurde und sein Blick für diesen Segen geöffnet wurde. Gott segnete ihn mit Heil und dem Wissen, am Ende von Gott angenommen zu sein, während die Gottlosen vergehen. Damit bekommen wir einen weiteren Horizont für Segen im Alten Testament.

Segen war auch dann zu erleben, wenn Gott seinem Volk oder einzelnen Personen (zum Beispiel David im Kampf gegen Goliat) Sieg über Feinde schenkte. Dies war tatsächlich für alle sichtbar und messbar, richtig zum Staunen.

Anders verhielt es sich mit Segenserfahrungen, die Einzelne in ihrem Glauben bzw. in ihrer Gottesbeziehung machten, etwa der gerade erwähnte Asaf oder zum Beispiel Hiob in seinen Anfechtungen. Dass Männer und Frauen in den Höhen und Tiefen ihres Lebens Halt finden, zieht sich ebenso durchs ganze Alte Testament wie die immer wiederkehrenden Bekenntnisse, dass jemand heil geworden ist und Frieden empfangen hat. Ein Beispiel dafür ist Davids Erfahrung, die er in Psalm 13 beschreibt.

Sie alle erlebten die »Urform« des Segens aus 1. Mose 26,3, nämlich die Zusage Gottes: »*Ich will mit dir sein.*« Wenn Gott segnet, sagt er seine Gegenwart zu. Gerhard Tersteegens Lied »*Gott ist gegenwärtig*« sollten wir also nicht nur sonntags singen, sondern wir sollten uns jeden Tag der Woche dieser wunderbaren Tatsache bewusst sein.

Gott sagt sich selbst zu. Darum kann er auch Trost *gebieten*, wie er es bei Josua getan hat. Der Segen für Josua zu Beginn seines schwierigen Auftrags als Nachfolger von Mose lautet: »*Lass dir nicht grauen und entsetze dich nicht, denn der Herr, dein Gott, ist mit dir in allem, was du tun wirst.*« (Josua 1,9)

Einen ganz besonderen Segen, der gewissermaßen aus dem Rahmen fällt, finden wir in 1. Mose

41: Nicht allein die sieben fetten Jahre in Ägypten mit ihrer reichen Ernte waren Segen (»Messbechersegen«). In seiner Traumdeutung kündigte Josef dem Pharao nach dem Überfluss sieben Missernten an, und dies stellte sich als besonderer, als zweiter Segen heraus. Weil der Pharao dem Gottesmann glaubte, konnten die Ägypter Vorsorge treffen, sodass auf die fetten Jahre keine Katastrophe folgte – wenn das kein Segen ist! Gott ist immer für eine Überraschung gut und lässt sich nicht festlegen, wie er zu segnen hat.

Verheißungen und Segenswünsche harmonieren gut miteinander. Verheißungen können als Segensgebet bzw. -wunsch eingesetzt werden. Man müsste sie nur entdecken, zum Beispiel in Zefanja 3,17 – aber wer liest schon Zefanja?

»Der Herr, dein Gott, ist bei dir, ein starker Heiland. Er wird sich über dich freuen und dir freundlich sein, er wird dir vergeben in seiner Liebe und wird über dich mit Jauchzen fröhlich sein.«

Die Erfüllung dieses Verses und aller anderen Verheißungen ist auch eine Form des göttlichen Segens. Man muss ihr nur glauben. Ich schreibe das sehr bewusst, denn die Tatsache, dass Gott sich im alten wie im neuen Bund über seine Kinder freut, dass er mit Jauchzen über uns fröhlich ist bzw. jubelt, wenn er uns sieht, ist für viele nicht zu glauben. Da haben sich unsere Sündhaftigkeit und die Überzeugung, dass Gott immer zuerst das Mangelhafte und Böse bemerkt oder gar sucht, zu sehr in uns festgesetzt. Aber weil Gott uns liebt und sich über seine Kinder freut, darum segnet er auch gern – warum auch sonst!?

Der Aaronitische Segen (4. Mose 6,22-27)
»Und der Herr redete mit Mose und sprach: ›Sage Aaron und seinen Söhnen und sprich: So sollt ihr sagen zu den Israeliten, wenn ihr sie segnet:
Der Herr segne dich und behüte dich; der Herr lasse sein Angesicht leuchten über dir und sei dir gnädig; der Herr hebe sein Angesicht über dich und gebe dir Frieden.
Denn ihr sollt meinen Namen auf die Israeliten legen, dass ich sie segne.‹«

In dieser einmaligen Segenslehre wird der Name Gottes dreimal über Israel ausgerufen. Durch die Wiederholung soll dem Volk die Erwählung durch den Herrn eingeprägt werden, denn sein Name ist Programm und nicht Schall und Rauch.

Gott selbst fasst zusammen, worauf es ankommt, nämlich

○ darauf, bewahrt und behütet zu sein in den Gefahren und Herausforderungen unseres Lebens (vgl. Psalm 121)
○ auf Gnade, denn Sünde kann niemand an Gott vorbeimanövrieren (vgl. die Psalmen 32 und 51)
○ auf Frieden. Das hebräische *shalom* ist mehr als Waffenstillstand, es beschreibt Geborgenheit in Gott.

Für Christen gibt es diese Geborgenheit nur durch Christus (Kolosser 1,20). Darum kann Paulus sagen: »*Nichts kann uns scheiden von der Liebe Gottes, die in Jesus Christus ist, unserem Herrn.*« (Römer 8,38)

Wenn Gott uns sein Angesicht freundlich zuwendet und nicht im Zorn den Blick senkt (Jeremia 3,12), sind wir Gesegnete des Herrn. Dann liegt sein Name, sein Besitzanspruch, auf uns, so wie das neugeborene Baby seinen Namen am Armband trägt oder der verstorbene Mensch meist am Fuß ein Namensschild hat, damit es nicht zu Verwechslungen kommt. Wir sind sein, im Leben und im Sterben. Auch im Sterben liegt sein Name auf uns als Besitzanspruch gegen den Tod. Römer 14,8 ist darum ein beliebtes Segenswort in der Begleitung Sterbender oder Trauernder: »*Leben wir, dann leben wir für den Herrn, und sterben wir, dann sterben wir für den Herrn. Ganz gleich also, ob wir leben oder sterben: Wir gehören dem Herrn.*« (Hoffnung für alle)

Das Segensverständnis im Neuen Testament

Im Neuen Testament finden wir die Worte »*Segen*« oder »*segnen*« nicht so oft, aber die Sache als solche kommt trotzdem häufig vor. Wer Segensspuren Gottes sucht, findet sie in der biblischen Konkordanz unter dem Begriff »*Fülle*«. Dabei geht es darum, dass Gottes Wirklichkeit im Leben eines Menschen zum Tragen kommt. Segen und segnen ist das Mitteilen und Weitergeben von Kräften, die ihren Ursprung in Gott und nicht in dieser sichtbaren und machbaren Welt haben: »*Gelobt sei Gott, der Vater unseres Herrn Jesus Christus, der uns gesegnet hat mit allem geistlichen Segen im Himmel durch Christus.*« (Epheser 1,3)

Im Neuen Testament scheint die Verbindung zwischen göttlichem Segen und äußerem Wohlergehen durchbrochen, ähnlich wie bei Asaf. Es wäre geradezu gefährlich, wollte man den Segen Gottes lediglich an äußeren Kriterien festmachen. So kann ein Mensch genauso gesegnet sein, wenn ihm keine äußeren Erfolge beschieden sind, zum Beispiel wenn eine Ehe kinderlos bleibt, wenn jemand trotz Gebet krank bleibt, seine Arbeitsstelle verliert oder ohne geregeltes Einkommen finanzielle Nöte erlebt.

Segen ist gerade in Not- und Leidenszeiten zu erfahren. Die Seligpreisungen aus der Bergpredigt sprechen dies genauso an wie Jesus selbst mit seiner Ermutigung an Paulus aus 2. Korinther 12,9: »*Lass dir an meiner Gnade genügen, denn meine Kraft ist in den Schwachen mächtig.*« Paulus erkennt das und fügt hinzu: »*Darum bin ich guten Mutes in Schwachheit, in Misshandlungen, in Nöten, in Verfolgungen und Ängsten um Christi willen; denn wenn ich schwach bin, bin ich stark*« (Vers 10) – ein sehr deutlicher Hinweis darauf, dass Segen von Gott kommt und nicht in uns liegt.

Die Verheißung an Abraham: »*In dir sollen gesegnet werden alle Geschlechter auf Erden*« (1. Mose 12,3b) erfährt in Jesus Christus ihre eigentliche Fortsetzung und Erfüllung. Jesus kommt aus der jüdischen Abstammungslinie Abrahams. Und in ihm und durch ihn kommt nun der Segen Gottes in ganz neuer Weise zu allen Menschen. So lesen wir in Galater 3,14, dass der Segen Abrahams durch Christus zu den Heiden kommen soll, also auch bis zu uns. Wir sind hineingenommen in Gottes Segen.

Ein Blick in die paulinischen Briefe zeigt, was der Apostel unter Segen versteht. Er grüßt die Gemeinden mit dem Wunsch, dass sie von Gott her Gnade, Liebe, Gemeinschaft, Barmherzigkeit und seinen Frieden erfahren. Dem ist eigentlich nichts mehr hinzuzufügen. Und doch können wir weiter konkretisieren und uns auf die Suche nach Segensspuren Gottes in unserem Leben machen. Sonst geht es uns womöglich wie vielen Menschen damals und heute, die das kleine Glück versäumen und übersehen, weil sie auf das Große vergeblich warten. Übersehen wir den »kleinen« Segen, weil wir auf den großen, vielleicht spektakulären Segen warten?

Gehen wir einmal von den Begriffen bei Paulus aus: Was ist Gnade? Gnade ist, dass ich diesen Tag erleben darf und Menschen begegne, die mit mir auf dem Weg der Nachfolge sind. Segen entdecke ich im Geschenk des Geistes Gottes, der mich im Glauben wachsen lässt. Ich entdecke seinen Segen in der Liebe, die es uns ermöglicht, unseren Nächsten in seiner Andersartigkeit zu lieben und zu achten. Und der Begriff der Barmherzigkeit führt mich am ehesten auf die Spur der kleinen Dinge, für die ich danken kann. Ich kann sogar dankbar sein, wie es einmal jemand sagte, für das Gänseblümchen auf der Mülldeponie, wo es sonst nur stinkt und qualmt.

Aber trotz Gänseblümchen ist der Müll noch da. Wenn wir uns umschauen oder noch einmal an Asaf denken, scheint uns manchmal der Fluch offensichtlicher als der Segen. Die täglichen Nachrichten und mancher eigene Kummer sprechen eine deutliche Sprache: so viel Ärger, so viele Sorgen, so viel Streit, so viel Not. Ja, und gerade darum brauchen wir Segen. Täglich. Immer neu. Anders.

In unsere Nöte hinein spricht Gott sein Ja über uns, seine gute Nachricht, sein Evangelium. Die Linie des Fluches, der seit dem Sündenfall auf dieser Welt lastet, ist durch Jesus durchbrochen. Gott hat die Geschichte des Fluches auf Golgatha durchkreuzt und am Ostermorgen dem Segen Tor und Tür geöffnet. Das ist die Grundlage des neutestamentlichen Segens.

Seine Auswirkung zeigt sich ganz praktisch, wenn jemand Gott beim Wort nimmt und an ihn glaubt, also dort, wo der Geist Gottes wirkt. Paulus spricht das in Galater 5,22 an. Segen zeigt sich auch in der Frucht des Geistes:

- In *Liebe* zueinander: Bei denen, die uns sympathisch sind, klappt das prima, aber bei den anderen?
- In *Freude* aneinander: »*Seid fröhlich, ihr Christen, hört auf, immerfort zu klagen, wenn ihr euch nicht mehr freuen könnt, wer kann es dann?*«, so heißt es in einem Lied.
- Im *Frieden* statt Streit. Weder daheim in den

eigenen vier Wänden soll Streit herrschen noch im Haus des Herrn, der Gemeinde.

○ In *Geduld* statt in Hetze, Druck und Besserwisserei.
○ In *Freundlichkeit* statt Ablehnung, denn Jesus sagt: *»Alles, was ihr wollt, dass euch die Leute tun sollen, das tut ihnen auch.«* (Matthäus 7,12)
○ In *Güte* statt Geiz, denn der ist nicht geil, sondern schlimm und egoistisch.
○ In *Treue* statt Verrat: Treue zum Partner, Treue im Dienst für Gott.
○ In *Sanftmut.* Sanftmütig ist jemand, der tröstet und hilft, statt andere fertigzumachen.
○ In *Selbstbeherrschung,* in Besonnenheit, in Verantwortung.

Machen wir uns nichts vor: Ohne Gottes Geist und seinen Segen gelingt uns das nicht. Gottes Segen soll das Verhalten der Gemeinde prägen. Darum schickt Jesus seine Jünger mit dem Segensgruß (Friedensgruß) in die Häuser (Matthäus 10,12) und gebietet, auch die zu segnen, die seinen Jüngern fluchen (Lukas 6,28, vgl. 1. Korinther 4,12).

Was bedeutet Segen im Neuen Testament? Das griechische Wort für segnen heißt *eulogein* und meint *»von Gott her Gutes zu einem Menschen reden«.* Darum ordnet Petrus an: *»Vergeltet nicht Böses mit Bösem oder Scheltwort mit Scheltwort, sondern segnet vielmehr, weil ihr dazu berufen seid, dass ihr den Segen ererbt.«* (1. Petrus 3,9)

Sein apostolischer Bruder Paulus macht in Römer 12,2 eine doppelte Aussage zum Segen, ohne das Wort selbst zu erwähnen: »*Stellt euch nicht dieser Welt gleich, sondern ändert euch durch Erneuerung eures Sinnes*« – was ohne Gottes Segen gar nicht geht, denn wir allein können uns nicht so verändern –, »*damit ihr prüfen könnt, was Gottes Wille ist, nämlich das Gute und Wohlgefällige und Vollkommene*« – womit wir eine biblische Definition des Wortes Segen vor uns haben.

Verstehen und Vertrauen

Ich habe Sie anfangs gebeten, Ihr Verständnis von Segen zu formulieren. Mit dem soeben zitierten Wort aus Römer 12,2b besitzen wir eine biblische Deutung: Segnen bedeutet demnach, von Gott her (weil es sein Wille ist) Gutes, Wohlgefälliges und Vollkommenes über einem Menschen auszusprechen.

Ich habe für mich ein inneres Bild, sowohl wenn ich jemanden segne als auch für meine Fürbitte. Ich stelle mir vor, dass ich diesen Menschen auf dem Arm trage und Gott vor die Füße lege: »*Hier hast du ihn, segne ihn!*« Das ist so wie mit den Männern, die ihren gelähmten Freund auf seiner Trage mitten vor Jesus herunterließen, nachdem sie vorher über das Dach ins Haus gelangt waren, weil alle anderen Zugänge voller Menschen waren (Lukas 5,17-26). Als Jesus *ihren* Glauben sah – nicht allein den des Gelähmten –, vergab Jesus ihm die Sünden. Das war Jesus wichtiger als die körperliche Heilung, die er ihm anschließend, nach der Intervention der Pharisäer und Schriftgelehrten, auch noch schenkte. Diese Männer machen es vor, was es bedeutet, den Heiland in seiner Sendung zu verstehen und ihm zu glauben. Gesegnet und geheilt werden und anschließend Gott preisen, das zeigt der gesund Gewordene in vorbildlicher Weise (Vers 25).

Dieses Ja Gottes zu einem Menschen in Worte zu fassen, ist »*nur*« die eine Herausforderung, wenn man segnen will. Vor allem aber müssen wir verstehen, dass unser Glaube gefordert ist. Es kommt darauf an, Gott zu vertrauen, denn aller Segen kommt von ihm. Ohne Vertrauen kann und sollte niemand segnen, sondern dann sollte man sich auf die Fürbitte beschränken und mit der Bitte aus Markus 9,24 vor Gott treten: »*Ich glaube; hilf meinem Unglauben!*«

Glaube ist Gottvertrauen. Es gibt meines Wissens nur eine Definition für Glauben in der Heiligen Schrift. Wir finden diese Worte in Hebräer 11,1: »*Es ist aber der Glaube eine feste Zuversicht auf das, was man hofft, und ein Nichtzweifeln an dem, was man nicht sieht.*« Diese feste Zuversicht bringen auch das griechische Wort für Glaube, *pistis*, und das lateinische *fides* zum Ausdruck: »*Christus lebt in mir.*« So bekennt es Paulus in Galater 2,20.

Wort und Kraft

Wenn und weil das so ist, dass Christus in uns lebt und wir den Heiligen Geist bei unserer Bekehrung empfangen haben (Epheser 1,13), ist Segen nicht nur etwas, das wir mit dem Verstand oder unseren Sinnen wahrnehmen.

Segen erschöpft sich nicht in Worten – das wäre viel zu wenig –, sondern er ist eine Kraftübertragung. Mit Worten geben wir dem Wunsch Ausdruck, dass Gottes Kraft dem anderen jetzt wohltut. Gottes Kraft, die aus dem Chaos den Kosmos mit seiner Ordnung erschaffen hat, die Leben gibt und Leben nimmt, die Menschenherzen steuern und harte Herzen erweichen kann, diese Kraft erschöpft sich nicht wie ein müder Akku. Für Gottes Kraft steht im Griechischen das Wort *dynamis* – daher stammt unser Wort »Dynamit«. »*Denn ich schäme mich des Evangeliums nicht, denn es ist die Kraft (dynamis) Gottes, die selig macht alle, die daran glauben*«, sagt Paulus im Römerbrief (1,16).

Diese *dynamis* ist es auch, die wir als Kraft des Heiligen Geistes empfangen haben (Apostelgeschichte 1,8). Gottes guter Geist ist aber nicht nur ein Kraftpaket, das könnte ja beinahe Angst machen, sondern er steht ebenso für Liebe und Besonnenheit. Ein ermutigendes Wort für alle Mitarbeiter, die manchmal verzagt sind und mit zitternden Knien und feuchten Händen ihren (Segens-)Dienst tun, finden wir in 2. Timotheus 1,6-7: »*Aus diesem Grund erinnere ich dich daran, dass du erweckest die Gabe Gottes, die in dir ist durch die Auflegung meiner Hände (!). Denn Gott hat uns nicht gegeben den Geist der Furcht, sondern der Kraft und der Liebe und der Besonnenheit.*«

Er soll die Gabe erwecken, neu beleben, schreibt Paulus an seinen Mitarbeiter. Vielleicht ist das bei uns die Gabe des Segnens?

Wer segnet, vertraut darauf, dass der Geist in Aktion tritt, Gott sich zu dieser Handlung bekennt und Gutes im Leben des anderen wirkt. Aber das passiert nicht irgendwie, »auf komische Weise«, und meist auch nicht ohne uns, sondern dadurch, dass Gott unser Tun fördert.

Mose betet (Psalm 90,17): »Der Herr, unser Gott, sei uns freundlich und fördere das Werk unserer Hände.« Es geht um Kraft von Gott für und durch Menschen. Wenn Gottes Kraft fließt, ist es nicht unnormal, dass der Segnende und der Gesegnete auch körperlich etwas spüren. Denn wenn Gott handelt, dann ist das erlebbar, auch wenn nicht immer die Erde bebt.

Bei Jesus Christus wird deutlich, dass es nicht nur um Worte geht, sondern dass Segen ein ganzheitliches Erleben ist:

- Bei der Brotvermehrung (Matthäus 14,19-20) segnete er das Essen, sprach also das Dankgebet darüber.
- Bei der Einsetzung des Abendmahls (Matthäus 26,26) handelte er ebenso.
- Er segnete die Apostel vor seiner Himmelfahrt (Lukas 24,50).
- Jede Zuwendung, durch die er Menschen Heil und Heilung brachte, kann per Definition als Segen bezeichnet werden und war für die Menschen ein Segen in Wort und Tat, für Leib, Seele und Geist.
- Er umarmte und segnete die Kinder (Markus 10,13-16).

Jesus zeigt den Menschen, nicht nur in Verbindung mit einer direkten Segenshandlung, vorbehaltlose Annahme, sei es gegenüber der Ehebrecherin, Zachäus, dem Steuerbetrüger oder vielen anderen. Aber die Kinder stellt er den Erwachsenen als Vorbild hin und sagt, nachdem die Jünger die Eltern mit ihren Kindern angemeckert haben und sie fortschicken wollten: *»Menschen wie ihnen gehört das Reich Gottes.«* (Markus 10,14; Einheitsübersetzung)

Jesus richtet damit ein Zeichen auf: Wie Kinder sein bedeutet nicht frech sein, meckern, klauen und sich prügeln, sondern hilflos sein, gering sein, ohne Leistung kommen, abhängig sein von Gott. Wer sich so vor Gott sieht, kann auch als Erwachsener den Mut haben und Segen für sich erbitten.

Aber wieso Mut? Wer braucht Mut? Wer jemanden aus der Gemeinde um Gebet und Segen für sich bitten will, braucht mancherorts ein bisschen Überwindung, weil Segnungen selten praktiziert werden bzw. nur bei besonderen Anlässen. In der Gemeinde nur bei Hochzeiten oder der Einsetzung von Mitarbeitern zu segnen, ist falsch und außerdem unklug, denn es schafft logischerweise eine große Hemmschwelle, die man erst einmal überwinden muss. Aber Mut brauchen doch eigentlich die anderen, die auf den Segen durch Brüder oder Schwestern verzichten wollen und glauben, allein klarzukommen.

Segen von Gott kann man nie genug haben, denn an Gottes Segen ist alles gelegen. Wer sich mit wenig Segen begnügt, ist darum nicht demütig, sondern ungläubig (um nicht zu sagen, dumm).

Wer ist glück-selig?

Wer auf Gottes guten Segen besonders angewiesen ist und darauf hoffen darf, stellt Jesus in den sogenannten Seligpreisungen heraus. Seine Aufzählung in Matthäus 5,3-10 ist ein großer, gewaltiger Segenszuspruch. Hier begegnet uns in neueren Übersetzungen, etwa in der *»Hoffnung für alle«*, wieder das anfangs erwähnte Wort Glück. Zu Recht kann man den Text so wiedergeben, denn das griechische Wort *makarios* kann *»Glück«*, *»selig«* oder *»Heil«* bedeuten. Wen wundert's, dass manche Übersetzer aus *»Glück«* und *»selig«* eins gemacht haben: *»glückselig«!*

Und wem ist Gott durch seinen Segen besonders nahe? Wenn Sie die Aufzählung Jesu in einer neueren Übersetzung lesen, hilft das, die Worte von den geistlich Armen, Leidtragenden, Sanftmütigen, nach Gerechtigkeit Hungernden, Barmherzigen, Friedensstiftern und Verfolgten besser zu verstehen. Jesus sagt ihnen inmitten ihrer äußeren Umstände zu, dass sie Gott erleben. Er kündigt nicht an, dass sich die Umstände unverzüglich bessern, ja noch nicht einmal, dass sie auf jeden Fall zu ihren Lebzeiten besser werden. Das bleibt offen. Klar ist aber, und damit sind wir bei der Kernaussage des Segens, dass Jesus ihnen Gottes Nähe und Wohlwollen zusagt. Sie werden das Himmelreich erben und getröstet sein, satt werden und Barmherzigkeit erlangen, Gott schauen und seine Kinder heißen.

Segen und Leid

Segen holt ebenso wenig wie der christliche Glaube Menschen auf jeden Fall aus ihrer akuten Notlage heraus. Das bedeutet, dass wir theologisch einen Spagat machen, der uns manchmal fast zerreißt, denn einerseits wollen und sollen wir viel von Gott erbitten und erwarten, andererseits lehrt das Neue Testament kein Wohlstandsevangelium, sondern verweist unter anderem mit Offenbarung 21,4 darauf, dass eine Existenz ohne Tränen, Tod, Leid, Geschrei und Schmerz erst wieder in Gottes neuer Welt auf uns wartet, und zwar dann, wenn das Alte vergangen ist und wir in ungestörter Gemeinschaft bei Gott sein werden (Vers 3).

Die Gesegneten, von denen wir in der Bibel lesen, allen voran Jesus selbst, haben gelitten. Aber Gott hat sie auch im finstern Tal (Psalm 23) getragen. Das galt in körperlicher Not ebenso wie in tiefer Anfechtung, die sich ja oft als Folge äußerer Not quälend auf uns und unseren Glauben legt. Aber Paulus ermutigt uns, unser Vertrauen nicht wegzuwerfen, indem er schreibt: »*Gott ist treu, der euch nicht versuchen lässt über eure Kraft, sondern macht, dass die Versuchung so ein Ende nimmt, dass ihr's ertragen könnt*« (1. Korinther 10,13; vgl. auch Hebräer 10,35).

Der Zuspruch des Segnenden: »*Gott sei mit dir und behüte dich*« oder »*Gott ist mit dir und behütet dich*«, ist keine Garantie gegen Krankheit, Beziehungskrisen, Arbeitslosigkeit, Angst usw., sondern Zusage der erfahrbaren Kraft und Gegenwart Gottes in guten wie in schlechten Zeiten. Segen bewirkt etwas Positives. Entweder ändern sich die Umstände, dass zum Beispiel jemand Heilung erfährt, oder es ändert sich seine Einstellung zu den Umständen, dann würde ich sagen, dass jemand heil wird. Seine Beziehung zu Gott wird intensiver.

Wenn ich segne, dann bete ich darum, dass Gott einen Menschen vor der Macht des Bösen schützt und seine Seele bewahrt. Gern fasse ich meine Gedanken dann in die bekannten Worte aus Psalm 121: »*Der Herr behüte dich vor allem Übel, er behüte deine Seele. Der Herr behüte deinen Ausgang und Eingang von nun an bis in Ewigkeit.*« (Verse 7-8)

Segen und Lob
Sehr eindrücklich sind für mich Glaubenszeugnisse von Christen, die in äußerlich schweren Umständen geblieben sind – und oft auch bleiben werden. Wenn sie erzählen, wie sie mit Gott leben und wie er ihnen hilft und wie sie gerade in ihrem Leid gewachsen bzw. gereift sind, kann uns das als lebendige Predigt über die Seligpreisungen bereichern. Wenn man den Menschen dann auch noch abspürt, wie fröhlich sie »*trotz allem*« sind, kann uns das beschämen.

Unabhängig davon, *wie* jemand Gottes Segen erlebt, verändert sich sein Leben also durch die Tatsache, *dass* er Gottes Segen erlebt. Das »*Hohelied der Barmherzigkeit Gottes*«, wie Psalm 103 überschrieben ist, ist eine Beschreibung von vielfältigem Segen, liebevoller Zuwendung Gottes, unverdienter Barmherzigkeit. David fordert auf, das nicht zu vergessen, sondern Gott für alles zu loben, was er uns Gutes getan hat (Vers 2). Man sollte bei diesem Psalm aber nicht bei den Wohltaten stehen bleiben, sondern Gott selbst als den Wohltäter im Blick haben, wie er im zweiten Teil des Psalms beschrieben wird. Viele Menschen wollen gute Gaben, haben aber wenig mit dem Geber selbst im Sinn. Manche Menschen wollen Segen als »*Dienstleistung der Gemeinde*« mitnehmen, weil es ja wohl nicht schaden kann, aber an einer intensiveren Gottesbeziehung sind sie nicht interessiert. Hier haben wir darauf zu achten, dass wir Segen nicht im Sonderangebot verramschen, denn der Zuspruch Gottes und sein Anspruch an uns Menschen gehören zusammen.

Auffallend ist, dass in beiden Sprachen der Bibel, griechisch und hebräisch, jeweils das gleiche Wort für Segnen und Loben verwendet wird. Gott gibt (sich) und möchte auch empfangen, was allein ihm zusteht und wozu uns sein Wort immer wieder auffordert. Wie gut, wenn das Lob Gottes für uns keine lästige Pflichtübung ist, sondern wir es wie eine befreiende Kür tanzen, singen und zeugnishaft ausleben.

Empfangen und weitergeben

Jesus hat seine Jünger nicht nur gesegnet und mit dem Friedensgruß in die Häuser geschickt, sondern ihnen einen Auftrag mitgegeben: »*Segnet – sogar die, die euch fluchen und bekämpfen.*« (Siehe Lukas 6,28)

Wir sollen Segen empfangen und weitergeben, so wie es schon Abraham gesagt wurde: *»Ich will dich segnen und du sollst ein Segen sein.«* (1. Mose 12,2) Denn Segen bekommen wir nicht nur für uns selbst. Wir können ihn nicht nur für uns beanspruchen. Wir können ihn aber staunend und dankbar entgegennehmen und anderen bittend zusprechen: *»Der Herr segne(t) dich!«*

Und wir können entsprechend *leben,* also nicht nur davon *reden,* dass der andere gesegnet wird und es ihm gut geht. Das ist wie ein Echo des empfangenen Segens, denn wer von Gott gesegnet ist, wer sein heilendes Handeln für sich erbeten und erfahren hat, der kann und soll das auch andere spüren lassen. Er *redet* dann nicht nur vom Segen und wünscht dem anderen Gutes, sondern *tut* es!

Wenn wir uns bemühen würden, dass wenigstens die Hälfte unserer guten Wünsche und Segensworte, etwa bei Geburtstagen, Realität werden, hätten wir eine Menge zu tun. Denn Gottes Wirken geschieht ja auch durch Menschen. Wir sollen Boten seiner Liebe und selbst Liebende sein! *»Alle Menschen sollen eure (!) Güte und Freundlichkeit erfahren. Der Herr kommt bald«,* schreibt Paulus den Philippern (4,5; Hoffnung für alle).

Ob wir für andere ein Segen sind, das zeigt sich zum Beispiel daran, ob wir unsere Mitmenschen (unsere Nächsten) wahrnehmen und ihnen Gutes tun – vermittelnd eingreifen, wo Streit ist, oder ein Licht anzünden, wo die Finsternis regiert (vgl. die Ausführungen oben zu Galater 5,22), Gemeinschaft stiften, auf Gott hinweisen und Freude ausstrahlen – Freude, von der wir sagen, dass sie sich verdoppelt, wenn man sie mit anderen teilt. So verhält es sich auch beim Segen mit Empfangen und Weitergeben.

Wer selbst segnet, hat die Hände frei, damit Gott sie ihm zum Segnen füllen kann. Und wer empfangen hat, stellt etwas dar zum Lobpreis seiner Herrlichkeit (siehe Epheser 1,12).

Darf jeder segnen?

Ja, jeder darf segnen! Alle, die Gott und seiner Kraft etwas zutrauen, dürfen segnen und sind dazu aufgefordert. Damit will ich der weitverbreiteten Ansicht entgegentreten, dieser Dienst sei der Berufsgruppe der Theologen vorbehalten, dürfe also nur von besonders geweihten *»Köpfen und Händen«* vorgenommen werden. Diese Meinung ist geistlich unbegründet und biblisch nicht haltbar. Wenn wir das Segnen nur den Hauptamtlichen überlassen, trauen wir Gott wenig zu und kommen unserer Bestimmung, Segensträger für andere zu sein, nicht nach.

»Der Haussegen hängt schief«, sagt eine Redensart, und das bedeutet, dass es zu Hause dicke Luft, also Streit und Ärger gibt. Kürzlich entdeckte ich in einem alten Bauernhaus im Allgäu einen solchen Haussegen. Der Spruch, liebevoll auf Leinen gestickt und mit Blumenornamenten kunstvoll verziert, hing eingerahmt über der Tür zur guten Stube:

Göttlicher Haussegen

Wo Glaube, da Liebe.
Wo Liebe, da Friede.
Wo Friede, da Segen.
Wo Segen, da Gott.
Wo Gott, keine Not.

Bekannter ist dieser Haussegen: *»Der Herr segne dieses Haus und alle, die da gehen ein und aus.«* Das waren nicht nur Worte und Tradition. Ich glaube, man (und das war tatsächlich meist der Mann) nahm es früher mit dem Segnen in der Familie ernster. Mit dem Segen des Vaters zogen die Kinder hinaus ins Leben, und der Segen eines sterbenden Vaters wurde auf den Sohn übertragen.

Es ist durchaus passend, wenn Sie an dieser Stelle an den katholischen Brauch der Sternsinger denken, bei dem Kinder nach dem Dreikönigsfest am 6. Januar als Könige verkleidet von Haus zu Haus gehen und dort, wo man sie einlässt, singen und ein Gebet oder Gedicht sprechen. Danach schreiben sie die aktuelle Jahreszahl mit den Buchstaben C+M+B kombiniert auf den oberen Türbalken. Mancherorts interpretiert man dies als die Namen der *»Heiligen drei Könige«*, seit den 50er-Jahren werden die Buchstaben aber offiziell als Abkürzung der lateinischen Worte *Christus mansionem benedictat* gedeutet, das heißt: *»Christus segne dieses Haus.«* Vielleicht wird damit der Tatsache Rechnung getragen, dass Matthäus 2 von Weisen und nicht von Königen spricht, und dass auch ihre Zahl nicht angegeben wird. Der Sternsingerbrauch ist für viele Menschen sicher mehr als nur Tradition. Jedes Mal, wenn man durch die Tür geht, fällt der Blick auf den Segenswunsch. Immer wieder kann man ihn mitbeten und darf sich vergewissern, dass Jesus bei denen ist, die sich ihm anvertrauen – wenn sie hinausgehen und wenn sie heimkommen.

Auch unseren Gemeindehäusern könnte ein Segenswort in Türnähe nicht schaden. Denn auch bei uns hängt der Haussegen manchmal schief. Und was tut man dann? Man rückt den Rahmen am Nagel zurecht, bis der Spruch wieder gerade hängt. So müssen Menschen sich von Gott auch zurechtrücken lassen, bis alles wieder gerade, versöhnt und in Ordnung ist. Sie finden deshalb bei den Segensworten für bestimmte Anlässe auch eines für Streitsituationen. Wenn nicht da, wann dann? Wenn der Friede Gottes nicht in der kleinsten sozialen Gruppe, der Familie, beginnt und nicht in Gottes Familie, der Gemeinde, erlebbar ist, wie sollen wir es dann an anderer Stelle schaffen, für Ruhe und Frieden zu sorgen und als Segensträger glaubhafte Zeugen seiner Liebe zu sein?

Gesegnet wurde nicht nur in Israel daheim, wie wir es aus den Erzvätergeschichten kennen. Propheten haben gesegnet. Und Priester natürlich auch, aber nicht ausschließlich. Martin Luther sprach vom allgemeinen Priestertum aller Gläubigen, zu deren Aufgaben neben Segnen unter anderem auch Verkündigung, Fürbitte und Seelsorge gehören. Segnen ist ein priesterliches Tun, das zwischen Gott und Menschen vermittelt, zu dem aber alle Christen berufen sind. Dabei sind wir uns einig, dass die große, unvergleichliche Vermittlung einmal durch Jesus Christus selbst, unseren Hohepriester (Hebräer 4,14–5,10), geschehen ist.

So hat auf der einen Seite jeder Christ die Vollmacht zum Segnen, auf der anderen Seite gibt es Glaubende mit besonderen Gaben (1. Korinther 12,7-11), bei denen sich auch eine besondere Fähigkeit zum Segnen innerhalb ihres Dienstes zeigen kann. Aber es ist immer »*ein Geist*«, »*ein Herr*«, »*ein Gott, der da wirkt alles in allen*«, das hebt Paulus hervor (siehe 1. Korinther 12,4-6).

Daraus ergibt sich, dass Segen nicht nur ein Angebot der Gemeinde und ihrer Veranstaltungen sein kann! Noch immer darf in Familien und »*hin und her in den Häusern*« gesegnet werden, wenn Christen zusammenkommen.

In seinem Buch »*Vom Segnen*« hat Erich Schick verschiedene Bibeltexte unter eine bestimmte Überschrift gestellt und gibt damit weitere Anregungen, über das Wort aus 1. Mose 12,2: »*Ich will dich segnen und du sollst ein Segen sein*« nachzudenken:

- Vom segnenden Blick
  (Markus 10,21; Apostelgeschichte 3,4)
- Von der segnenden Hand
  (Markus 10,16; 2. Timotheus 1,6)
- Vom segnenden Wort
  (2. Mose 4,12; Römer 15,29)

- Von der segnenden Tat
  (Johannes 3,21; Jakobus 1,25)
- Vom segnenden Sein
  (1. Mose 12,2; 1. Korinther 4,12)
- Vom segnenden Beten
  (Philipper 1,3f.; 2. Timotheus 1,3)

Hilfen zur praktischen Anwendung

Segen ist ein »Handwerk«

Wir sollten keine Angst haben, beim Segnen als Zeichen die Hände zu heben, mit der Hand ein Kreuzzeichen zu machen oder die Hand demjenigen, der gesegnet wird, zum Beispiel auf den Kopf, die Schulter oder auf seine Hände zu legen. Die Handauflegung beim Segnen ist ein Zeichen, ein Ritual, bei dem Menschen im Namen Gottes handeln.

Grenzen beim Körperkontakt müssen dabei gewahrt bleiben, aber körperfeindlich sollten wir uns auch nicht geben. Denn es ist wichtig, nicht nur Worte des Segens zu hören, sondern auch körperlich den Bruder bzw. die Schwester zu spüren. Ich empfehle, über die Handauflegung vorher mit dem anderen zu sprechen, um das zu tun, was er wünscht und nicht das, was ich selbst für angemessen halte.

Mir persönlich hilft die Hand des anderen, denn so wahr ich sie spüre, so wahr ist Gott mir jetzt nahe. Gott möchte in heilsamer Weise »handgreiflich« werden und uns auch durch Menschenfreundlichkeit berühren. In dieser Geste erleben wir etwas Ganzheitliches, ähnlich wie bei der Taufe oder im Abendmahl, wenn wir aufgefordert sind, zu sehen und zu schmecken, wie freundlich der Herr ist (Psalm 43,9).

»Segnen heißt«, so soll Dietrich Bonhoeffer gesagt haben, »die Hand auf etwas legen und sagen: du gehörst trotz allem Gott.« Und in dem bekannten

Erntedanklied von Matthias Claudius heißt es: »*Es geht durch unsere Hände, kommt aber her von Gott.*« Das gilt für Saat und Segen.

Besuchsdienst mit Segensgebet

Je nach Situation werden ein oder zwei Geschwister um diesen Dienst gebeten. Folgendermaßen kann es ablaufen:

- Ein gemeinsames Lob Gottes durch eine Psalmlesung oder ein Lied
- Ein kurzes Gespräch über die Beweggründe und persönliche Situation der Person, die gesegnet werden will, damit man danach konkret Bezug darauf nehmen kann
- Ein passendes Bibelwort mit einer Verheißung Gottes
- Ein Dank- und Fürbittegebet
- Es folgt der Segenszuspruch möglichst mit Handauflegung bei freier Wortwahl oder Verwendung eines vorformulierten Textes.

Je nach örtlichen Rahmenbedingungen (Krankenhaus, zu Hause, anwesende Verwandte …) und Wünschen kann eine Kerze entzündet und zum Knien ein Kissen bereitgelegt werden. In diesem Zusammenhang eine Abendmahlsfeier im kleinen Kreis abzuhalten ist ebenso möglich, wie ein Lieblingslied von der CD zu spielen. Es gilt keine feste Form, wohl aber Freiheit der Liebe.

Segen und Krankensalbung

Zunehmend wird wieder nach dem Gebet der Ältesten nach Jakobus 5,14-15 gefragt, wobei gegenüber dem zuvor Gesagten zwei Dinge hinzukommen:

- Das Salben mit Öl. Man kann Rosenöl verwenden, was einen stärkeren Duft hat, oder Olivenöl, was manche eher mit dem Heiligen Land in Verbindung bringen. Mit dem Öl wird ein kleines Kreuz auf die Stirn gemalt, eine Handlung, die man mit freien Worten oder einer trinitarischen Aussage (»*Ich salbe dich im Namen des Vaters, des Sohnes und des Heiligen Geistes*«) zwischen Fürbittegebet und Segenswort vornehmen kann. Eine Salbung verleiblicht Gottes Zuwendung in besonderer Weise. Der Geruch verstärkt die sinnliche Wahrnehmung dieser Segenshandlung.
- Wichtig ist, mit dem Kranken über seine Erwartungen zu sprechen und sich bewusst zu sein, ob man diese erfüllen kann oder nicht. Gott kann heilen und tut es. Er tut es bis heute auch durch Menschen. Aber längst nicht jeder hat diese Gabe (1. Korinther 12,7-11), und Jakobus sagt, dass dem Kranken geholfen und er aufgerichtet wird. Gottes Handeln wird nicht auf ein Heilungswunder reduziert! Und schließlich gehört das Sündenbekenntnis (Jakobus 5,15-16) auch in diese besondere Handlung hinein. Ich erinnere an meine vorausgegangenen Anmerkungen zur Heilung des Gelähmten.

Immer wieder

Segen ist eine empfangene Kraft, die sich verbraucht. Aber die Kraftquelle, Gott, wird nicht austrocknen. Darum segnet man nicht nur einmal, sondern immer wieder. Wir kennen das aus dem Schlusssegen eines Gottesdienstes, wo wir Woche für Woche gesegnet werden, oder vom Geburtstagssegen *alle Jahre wieder*.

Es wird zum Beispiel in der Ehe sehr wertvoll sein, sich nicht nur einmal zu Beginn, sondern im Laufe des Lebens öfter unter Gottes besonderen Schutz für die Beziehung zu stellen. Vor allem sollte das nicht erst dann geschehen, wenn das Zusammenleben schon äußerst angespannt ist.

Segnen ist wie Nachtanken beim Auto, nur nicht so teuer. Es kostet uns nichts zu segnen, und auch der Herr stellt *»Gott sei Dank«* (!) keine Rechnung aus.

Allgemein und individuell

Im Gottesdienst wird mehreren Personen ein allgemein formulierter Segen zugesprochen. Daneben, nicht als Ersatz, gibt es die Möglichkeit, einen einzelnen Menschen in seiner persönlichen Situation zu segnen. Gott als der Handelnde ist der Gleiche, aber der Empfänger bzw. der Empfängerkreis unterscheidet sich. Das erfordert von uns, einen individuellen Zuspruch zu formulieren, wenn wir uns nicht mit der allgemeinen Aussage *»der Herr segne dich«* zufriedengeben wollen. Sie hat natürlich ihre Berechtigung und stellt uns gemeinsam unter den Segen Gottes, sodass wir dabei auch unsere Gemeinschaft als wertvoll und verbindend erleben.

Je tiefer wir aber in die seelsorgerliche Befindlichkeit des Einzelnen Einblick bekommen, desto *»passender«* bzw. der Situation angemessener können wir unsere Worte wählen. So werden wir einen Sterbenden mit anderen Worten und Gesten segnen als ein Geburtstagskind oder ein Ehepaar in der Krise. Dieser persönliche Zuspruch wird von den Empfangenden oft als unmittelbarer und konkreter erlebt. Dies wundert nicht, denn auch beim Danken für empfangenen Segen vertiefen wir unseren Blick, wenn wir konkret werden. Es ist, als würden wir Gott nicht nur für ein Gesamtbild danken, sondern für jedes einzelne Mosaiksteinchen, mit dem er unser Leben bereichert und gestaltet, bis ein Gesamtbild zu seiner Ehre entstanden ist.

Es ist besser, für jedes Kind einzeln zu danken oder zu beten, als allgemein für *»meine Kinder«*. Es hilft uns beim Danken, wenn wir auch das Leben des jeweiligen Kindes in kleine Themen unterteilen wie eine Torte in Stücke: *»Danke, dass meiner Tochter die Prüfung gelungen ist. Danke, dass du sie gesund gemacht hast. Danke für ihre Freundin. Danke, dass sie Anschluss an den Jugendkreis gefunden hat.«* Und dann kommt der Sohn dran.

Gleiches gilt für unsere Bitten. Je konkreter wir dabei sind, desto konkreter können wir feststellen, wie Gott gehört und geholfen hat. Und von der Bitte zum Segnen ist es auch nur ein kleiner Schritt.

Das stille Segensgebet

Segnen kann in der Stille geschehen, ohne dass der andere anwesend ist. Auf diese Weise kann auch jemand segnen, der sich nicht traut, dies laut oder vor anderen zu tun. Oder man kann Menschen (durch stille Fürbitte mit abschließendem Segenswunsch) begleiten, die weit entfernt sind oder die eine »direkte« Segnung nicht möchten oder selbst noch keine gefestigte Gottesbeziehung haben. Auch für sie sollen wir beten (1. Timotheus 2,1-4), denn Gott »will, dass allen Menschen geholfen werde und sie zur Erkenntnis der Wahrheit kommen«. Und Gott »lässt seine Sonne aufgehen über Böse und Gute und lässt regnen über Gerechte und Ungerechte«. Mit diesem Hinweis fordert Jesus uns zur Feindesliebe heraus: »Liebt eure Feinde und bittet für die, die euch verfolgen.« (Matthäus 5,44-45)

Konjunktiv oder Indikativ

Eine wichtige Entscheidung müssen Sie sowohl bei eigenen Formulierungen als auch bei den Segenstexten in diesem Buch treffen: Wollen Sie den Segen als Bitte zusprechen, also im Konjunktiv (»Gott segne dich«) oder als feste Glaubensaussage im Indikativ (»Gott segnet dich«)? Die Bitte ruft Gottes Segen als Wunsch herab (»Gott möge dich segnen«), der Indikativ ruft Gottes Segen als jetzt gegebene Tatsache aus.

Es liegt auf der Hand, dass es einfacher ist, sich segnend in die Schar derer einzureihen, die Gott um etwas bitten, als mit prophetischem Mut und voller Glaubensüberzeugung das segnende Handeln Gottes zuzusagen. Das Letztere, die feste Zusage, wird in der Regel erwartet oder erhofft, wenn jemand offiziell um ein Segensgebet bittet. Beides hat seine Berechtigung, und Gott wird sich zu beidem bekennen, wenn das Gebet im Namen seines Sohnes, unseres Erlösers Jesus Christus, gesprochen wird.

Segensworte sind Worte, die unserem Leben Richtung geben. Die folgenden Texte sollen dazu anregen, sich konkret in Menschen hineinzudenken. Sie sollen eine größere Auswahl an Segensworten für den Gebrauch in der Gemeinde oder Familie zur Verfügung stellen und den Blick weiten für unseren großen, reichen, liebenden und segnenden Gott.

Didaktische Anmerkungen

Um Segen in der Gemeinde nicht nur als Schlusspunkt, sondern als geistliches (Abschluss-)Ritual einzusetzen, nachfolgend einige Vorschläge zur Gestaltung:

- Warum immer am Schluss? Segensworte können auch an anderer Stelle eingesetzt werden.
- Sitzen, Stehen, Knien? Hände auflegen oder heben? Machen Sie sich Gedanken über die äußere Haltung, die der inneren nicht nach-, sondern nebengeordnet ist.
- Lesen bzw. sprechen Sie besonders langsam, um die Konzentration auf den Text zu unterstützen.
- Setzen Sie ein geeignetes Segenswort auch einmal als Segen des Monats ein, also mehrfach nacheinander.

- Eingerahmt von angemessener Musik können Segensworte für die Empfänger stärker zur Wirkung kommen.
- Mit Quellenangabe können die Segensworte auch über Beamer visualisiert werden.
- Kurze, sprachlich eingängige Segensworte kann man bei entsprechender Textvorlage auch mit der Gemeinde gemeinsam sprechen.
- Entscheiden Sie, ob Sie den Segen mit einem bestätigenden Wunsch, etwa *»So segne dich der gütige Gott«* oder mit der trinitarischen Formulierung »Im Namen des Vaters, des Sohnes und des Heiligen Geistes« abschließen wollen.
- Ihr *»Amen«* bekräftigt, dass Sie im Vertrauen auf Gott den Segen gesprochen haben.

Segensworte

Vor Gott stehen

Nimm Platz vor Gottes Thron,
und bete ihn an in seiner Herrlichkeit.
Schweige in Ehrfurcht vor Gott
und rede von ihm als sein Bote.
Öffne dich vor deinem Gott
und verschließe dich dem Wirken des Bösen.
Begegne deinem Gott,
und freue dich über deine Geschwister.
Empfange den Segen des Herrn,
und gib ihn zu seiner Ehre weiter.

Der dreieinige Gott
offenbare dir, wie er dich gemeint hat, indem
der Vater
dich erkennen lässt, woher du kommst,
der Geist
dich verstehen lässt, wer du bist, und
der Sohn
dir zeigt, wohin du gehen sollst.

Sei gepriesen, weil du der Allmächtige bist, Herr.
Sei gelobt, weil du der Liebste bist, Herr.
Sei geehrt, weil du der Größte bist, Herr.
Sei angebetet, weil du allein Gott bist, Herr.

Herr, komm gnädig zwischen uns.
Herr, komm gnädig.
Herr, komm!
Herr, komm liebend unter uns.
Herr, komm liebend.
Herr, komm!
Herr, komm segnend über uns.
Herr, komm segnend.
Herr, komm!

Hilf mir, Herr, dass ich mich zurücknehme.
Denn du allein bist groß.
Hilf mir, Herr, dass ich mich zurücknehme.
Denn du allein bist gnädig.
Hilf mir, Herr, dass ich mich zurücknehme.
Denn du allein bist weise.
Hilf mir, Herr, dass ich mich zurücknehme.
Denn du allein bist heilig.
Hilf mir, Herr, dass ich mich zurücknehme.
Denn du allein bist würdig.
Hilf mir, Herr, dass ich mich zurücknehme.
Denn du allein bist Herr!

Wenn du zu uns redest, Herr, sind wir gemeint.
Wenn du uns ermahnst, Herr, sind wir gewarnt.
Wenn du uns vergibst, Herr, sind wir entlastet.
Wenn du uns vereinigst, Herr, sind wir gesandt.
Wenn du unser Herz öffnest, Herr, sind wir bereit.
Wenn du dich offenbarst, Herr, sind wir gesegnet.

Segne uns, o Herr,
damit wir deine Heiligkeit anerkennen und
deine Größe rühmen.
Segne uns, o Herr,
damit wir deine Gnade bekannt machen und
Gemeinde bauen.
Segne uns, o Herr,
damit wir deinen Sohn lieben und
deine Kinder in der Welt nicht vergessen.
Segne uns, o Herr.

Der ewige Gott
sei allezeit an deiner Seite.
Der starke Gott
wehre deinen Feinden und schütze dich.
Der liebende Gott
nehme dich tröstend in seine Arme.
Der barmherzige Gott
verzeihe deine kleine und große Schuld.
Der weise Gott
erfülle dich mit Klarheit und Wahrheit.
Der einmalige Gott
lasse dich immer zu ihm zurückfinden.
Der heilige Gott
bescheine dich mit seiner Herrlichkeit.

Gott, Herr aller Zeiten,
nimm dich meiner Augenblicke an.
Gott, Schöpfer aller Menschen,
gib uns deinen Frieden.
Gott, Vater in Christus,
sei allezeit hoch erhoben.

Jesus, König aller Könige,
lass uns deine Herrlichkeit sehen.
Jesus, Priester für alle,
leite uns im Glauben an.
Jesus, Prophet voller Weisheit,
lass uns die Wahrheit erkennen.
Jesus, Sohn Gottes,
versöhne uns mit dem Vater.

Es segne dich Gott,
der dich kennt und trotzdem liebt.
Es segne dich Gott,
der dich liebt und deshalb führt.
Es segne dich Gott,
der dich von Sünde überführt und erlöst.

Gnade ist wichtig, damit du Jesus suchen kannst.
Gnade ist wichtig, damit du Jesus finden kannst.
Gnade ist wichtig, damit du Jesus folgen kannst.

Gott ist so herrlich,
dass du dich seiner nie schämen musst.
Gott ist so reich,
dass du seine Liebe nie ausschöpfen kannst.
Gott ist so gnädig,
dass du keine Sünde vor ihm zurückhalten musst.
Gott ist so nah,
dass du in Christus seinen Atem spürst.

Ich segne dich
im Namen des Vaters, der in Jesus Christus
auch dein Vater geworden ist.
Ich segne dich
im Namen des Sohnes, der der Anfänger
und Vollender deines Glaubens ist.
Ich segne dich
im Namen des Heiligen Geistes, der dich
zuverlässig durch diesen Tag leiten wird.

Jesus Christus,
der einst kam,
um die Menschen zu erleuchten,
erhelle deinen Weg,
damit du alles Wichtige erkennen kannst.
Jesus Christus,
der gekommen ist,
um uns Gottes Hand zu reichen,
sei alle Tage an deiner Seite,
so lange du lebst.
Jesus Christus,
der in Herrlichkeit wiederkommen wird,
erfülle dich mit Freude und Hoffnung
auf Gottes neue Welt.

Die Fülle des Segens empfangen

Segen ist die Kraft von Gott,
die dich aufrichtet, wenn dein Rücken
sich unter der Last krümmt.
Segen ist das Wort von Gott,
das dir Mut zuspricht, wenn du
den nächsten Schritt nicht wagst.
Segen ist die Hand von Gott,
die dir durch Bruder
und Schwester gereicht wird.

Geist Gottes,
nimm uns den Hass und lehre uns Liebe,
nimm uns die Bosheit und mache uns freundlich,
nimm uns die Ichsucht und mach uns zum Du.
Geist Gottes,
nimm uns in deinen Besitz!

Geist Gottes,
nimm uns die Zweifel und lass uns vertrauen,
nimm unsere Trägheit und mach uns lebendig,
nimm unseren Irrtum und lehre uns Wahrheit.
Geist Gottes,
nimm uns in deinen Besitz!

Segen leuchte dir wie Feuer,
so lebendig und warm.
Segen leuchte dir wie Sterne,
die du nicht zählen kannst.
Segen leuchte dir wie die Sonne,
deren Licht dich bescheint.

Ich wünsche dir einen Bruchteil
des himmlischen Segens.
Dann hast du schon genug –
und du bleibst in Erwartung.
In Erwartung des Ganzen,
der Fülle von Gott.

Gottes Segen erfreue dich wie ein Kuss,
er überrasche dich wie ein Geschenk
und tue dir wohl wie gute Freunde.
Sie werden wieder gehen –
Gottes Segen möge bei dir bleiben.

Du wünschst dir Menschen,
Gott gebe dir Freunde.
Du wünschst dir Wissen,
Gott gebe dir Weisheit.
Du wünschst dir Gaben,
Gott gebe dir eine Aufgabe.
Du wünschst dir Heilung,
Gott gebe dir Heil.
Du wünschst dir Glauben,
Gott gebe dir Vertrauen.
Du wünschst dir Ruhe,
Gott gebe dir Frieden.

Gott fülle dich,
damit du ihn ehren kannst.
Gott segne dich,
damit du deinen Nächsten lieben kannst.
Gott befreie dich,
damit du dich selbst annehmen kannst.

Die Sonne erhelle deinen Tag und dein Herz.
Der Wind wehe durch dein Leben
und lasse dich atmen.
Der Regen erfrische dich
und spüle den Staub von der Seele.
So segne dich Gott,
dein Schöpfer und Herr.

Nach seinem heiligen Willen
möge dieser Tag ein unverzichtbarer Teil
deines Lebens sein.
Nach seinem heiligen Willen
mögen deine Beziehungen dich reich
und glücklich machen.
Nach seinem heiligen Willen
möge dein Glaube wachsen und Gott ehren.
So segne dich der heilige Gott.

Segen ist Liebe mit Händen und Füßen.
Liebe ist Leben für heute und morgen.
Leben ist Gnade von Gott, dem Vater.
Diese Gnade sei nun mit dir.

Ohne Gnade bist du
wie ein Tag ohne Sonne,
wie ein Vogel ohne Flügel,
wie ein Ich ohne Du,
wie ein Mensch ohne Gott.

Der gnädige Gott
lasse sein Licht über dir aufgehen,
helfe dir auf und verschaffe dir Überblick,
er segne dich von Mensch zu Mensch
und sei selbst an deiner Seite.

Wenn du reich bist ohne Hab und Gut,
begabt ohne Rang und Namen,
geliebt ohne Schminke und Schmuck,
erlöst ohne Wenn und Aber,
dann hat Gott dich sehr gesegnet.

Nimm Gnade von Gott,
um von alter Last befreit zu sein.
Nimm Segen von Gott,
um erfüllt in diesen Tag zu gehen.
Nimm Frieden von Gott,
um eine Ahnung von der Ewigkeit zu haben.

Du brauchst Fülle,
weil es in dir leer ist.
Du brauchst Tiefe,
wenn du mit Oberflächlichkeit zufrieden bist.
Du brauchst Weitsicht,
wo du dich um dich selbst drehst.
Du brauchst Gott und seinen Segen.
Er wird ihn dir gewähren.

Im Glauben wachsen

Belebe mir Herz und Sinn,
sodass ich an dich denke.
Erfülle mir Herz und Sinn,
sodass ich dir danke.
Erfreue mir Herz und Sinn,
sodass ich dich ehre.

Wir wollen dich spüren, Herr – bewahre du uns
vor Gefühlsgläubigkeit.
Wir wollen dich erleben, Herr – schütze du uns
vor Erfahrungstheologie.
Wir wollen dir vertrauen, Herr – mache du uns
dein Wirken groß.

Es gibt nur einen Gott. Vertraue ihm.
Lass dich nicht verführen. Sei stark im Glauben.
Sein Segen sei nun mit dir.

Friede sei mit dir.
Damit du vergeben kannst,
statt Rache zu üben.
Friede sei mit dir.
Damit du aus Gottes Ruhe heraus
deinen Alltag bestehst.
Friede sei mit dir.
Damit du dich schon heute
auf die Ewigkeit freust.
Friede sei mit dir.

Segen richte deinen Blick auf das,
was wichtig ist.
Segen fülle deine Gedanken mit dem,
was Gottes Wort dir sagt.
Segen stärke deinen Glauben an den,
der allein heilig ist.

Der Segen Gottes breche die Krusten deiner
routinierten Frömmigkeit auf
und begeistere dich noch einmal durch das Wort
von der Versöhnung.

Wenn du vergessen hast,
dass Gott dich liebt,
und nicht mehr glauben kannst,
dass es ihn gibt,
wenn du Gemeinde gern umgehst
und nicht mehr klar zu Christus stehst,
lädt Gott dich ein, in seiner Treu,
und spricht: »Ich mache alles neu!«

Der segnende Gott gebe dir
die Weisheit, ihm zu vertrauen,
die Größe, ihm zu glauben,
die Gelassenheit, ihn wirken zu lassen,
und die Hoffnung, ihm entgegenzugehen.

Gott zu loben sei dein Lied.
Gott zu lieben sei dein Ziel.
Mit Gott zu leben ist deine Chance.

Der begeisternde Gott
belebe dein Gebet,
wenn es müde und leer geworden ist.
Der lebendige Gott
erhöre dein Gebet,
wenn du in Bedrängnis und Not bist.
Der reiche Gott
bestätige dein Gebet durch das,
was du brauchst.
Der heilige Gott
nehme dein Gebet zu seiner Ehre an.

Für Zeit und Ewigkeit

Du wurdest geboren –
der Schöpfer des Lebens hat dich gewollt.
Du lebst Tag für Tag –
Gott segnet dich von Ewigkeit zu Ewigkeit.
Du wirst auch einmal sterben –
der Herr aller Zeiten fängt dich auf.

Der Segen Gottes bringe dich
von Tag zu Tag voran,
so wie das Licht der Sonne
vom Aufgang bis zu ihrem Untergang
Hoffnung und Leben um die Erde schickt.

Gott, am Ende dieses Tages
bring mich zur Ruhe.
Ordne du meine Gedanken.
Lass meine Pläne ruhen und reifen.
Und stelle meine Kontakte von morgen
schon heute unter deinen verbindenden Segen.

Ruhe in der Nacht,
weil Gott über dir wacht.
Starte mit ihm in den Morgen,
denn er wird für dich sorgen.

Gott erfrische dich am Morgen
mit Tautropfen seines Segens.
Gott stärke dich am Tag
durch die Kraft seines Geistes.
Gott beruhige dich zur Nacht
durch Engel des Friedens.

Was du heute tust – Gott weiß es.
Was du heute glaubst – Gott ermöglicht es.
Was du heute brauchst – Gott gibt es.

Gott,
der da ist
und der da war
und der da kommt,
erbarme sich
deiner Vergangenheit,
Gegenwart
und Zukunft
und segne dich in diesem Augenblick.

Gott segne dich,
sodass du diesen Tag reicher beendest,
als du ihn begonnen hast.
Gott segne dich,
sodass du täglich das anfangen kannst,
was dich wirklich reicher macht.

Möge dir gelingen,
wozu du heute herausgefordert bist.
Möge dich erfreuen,
was Gott dir heute gelingen lässt.

Von Ewigkeit zu Ewigkeit
wird Gott dir nah sein.
Von Tag zu Tag
wird Gott dich führen.
Von Augenblick zu Augenblick
wird Gott dich segnen.

Nimm den Segen dieses Tages mit,
damit du dich an Gottes Wohltaten erinnerst.
Nimm den Segen dieses Tages mit,
damit die Dankbarkeit
dich auch morgen zufrieden macht.
Nimm den Segen Gottes mit.

Unterwegs sein

Segen sei nun mit dir, daheim und unterwegs.
Segen sei nun mit dir, allein oder gemeinsam.
Segen sei nun mit dir, morgens und abends.
Segen sei nun mit dir, fröhlich oder traurig.
Segen sei nun mit dir, heute und in Ewigkeit.

Gehe deinen Weg.
Gott segne deine Feinde, die dir Steine
in den Weg legen.
Er segne deine Freunde, die ein Stück des Weges
mit dir gehen.
Gott segne deine Geschwister, die mit dir
auf dem Weg zum Himmel sind.
Er segne dich auf deinem Weg.

Bring mich zur Ruhe, Herr,
denn die Welt ist so laut geworden.
Bring mich zur Ruhe, Herr,
denn die Zeit rennt mir davon.
Bring mich zur Ruhe, Herr,
denn die Menschen fordern zu viel.
Bring mich zur Ruhe, Herr,
denn mein Herz kommt aus dem Takt.
Barmherziger Gott, nimm mich hinein
in deinen Frieden.

Mit Gott kannst du Schritte gehen,
die deine Kraft überschreiten.
Von Gott kannst du Licht empfangen,
wenn nur Dunkelheit in dir ist.
Durch Gott kannst du Herren achten,
die nicht herrlich sind.
Bei Gott kannst du aufatmen,
obwohl dir selbst die Luft ausgeht.
Zu Gott soll dein Weg gehen,
damit du nicht von ihm weggehst.

Freue dich, dein Gott geht mit dir.
Singe Gott, er ist zu loben.
Tu dein Werk, du bist gesegnet.

Der gute Hirte
schütze dich vor allem Bösen,
stärke dich durch gute Gaben und
führe dich zu seinem Ziel.

Gottes guter Segen
durchdringe dein Denken
durch Weisheit und Liebe,
er präge dein Reden
durch Verantwortung und Liebe
und lenke dein Handeln
durch Kraft und Liebe.

Geh mit Gott an seiner starken Hand,
flüchte bei Not in seine offenen Arme,
lass dich leiten durch seinen weisen Blick
und öffne dich seinem liebenden Herz.

Wenn du Arbeit hast, nutz diese Chance,
teile deine Gaben auch anderen mit.
Bewege ein kleines Stück der großen Welt
oder ein großes Stück deiner kleinen.
Und bleibe Mensch für deinen Nächsten.
Dann wirst du manchmal müde,
aber zufrieden sein –
und gesegnet!

Segen räumt dir nicht jeden Stein aus dem Weg;
er helfe dir aber, das Hindernis zu umgehen
und deinen Weg fortzusetzen.

Nimm den Segen mit,
sodass du das von Gott Gehörte
im Leben umsetzen kannst.
Nimm den Segen mit,
sodass du im Leben immer neu hören kannst,
was Gott dir sagt.

Weil Gott dich segnet, kannst du
gelassen in den Tag gehen,
gehorsam seinem Wort folgen,
und treu tun, was er dir aufträgt.
Weil Gott dich segnet.

Der gnädige Gott bewahre dich
vor Entscheidungen,
denen du jetzt nicht gewachsen bist,
und helfe dir,
morgen das Rechte zu tun.
Er trage dich,
wo du heute schwach bist,
und stärke dich,
damit du morgen anderen eine Stütze bist.
Er überwinde die Zweifel dieses Tages,
damit du morgen ein Lied
zu seiner Ehre singen kannst.

Segen bewahre dich
vor Wegen,
auf denen du stolpern wirst,
vor Versuchungen am Wegesrand,
denen du nicht widerstehen kannst,
vor Menschen,
die dich vom guten Weg
abbringen wollen
und vor dir selbst,
wenn du dir im Wege stehst.

Bewahrt und bewährt im Miteinander

Der Herr segne dich mit Rücksicht,
damit du niemanden zu Fall bringst.
Der Herr segne dich mit Nachsicht,
damit du deinem Nächsten geduldig begegnest.
Der Herr segne dich mit Vorsicht,
damit du Beziehungen nicht aufs Spiel setzt.
Der Herr segne dich mit Einsicht,
damit du den Rat anderer annehmen kannst.
Der Herr segne dich mit Weitsicht,
damit du erkennst, wie wertvoll Freunde sind.

Sei gesegnet,
sodass dein Herz zur Liebe drängt.
Sei gesegnet,
sodass dein Mund von Gott nicht schweigt.
Sei gesegnet,
sodass deine Hände deinen Nächsten erreichen.

Gott des Himmels und der Erde,
offenbare dich.
Möge unsere Stadt begreifen,
dass sie dich braucht.
Möge unser Land verstehen,
dass es von deiner Güte lebt.
Möge die Welt erkennen,
dass du ihr Herr bist.
Gott des Himmels und der Erde,
erbarme dich.

Gib uns die Größe, Herr,
dich nicht klein zu machen,
indem wir nur uns als deine Gemeinde
im Blick haben.
Du hast deine Kinder auch in anderen Ländern,
Sprachen und Gemeinden.
Vergib uns, wenn wir uns abgrenzen
statt gemeinsam dein Reich zu bauen.
Gib uns die Größe, Herr,
dich nicht klein zu machen,
indem wir nur unsere Art für die Richtige halten.
Du freust dich über das Lob aller. Du liebst uns
und stellst uns gemeinsam in deinen Dienst.
Vergib uns unsere Selbstgefälligkeit
und Lieblosigkeit.
Gib uns die Größe, Herr,
dich nicht klein zu machen,
indem wir nur für uns deinen Segen erbitten.
Du bist größer, als wir denken, barmherziger, als
wir glauben und gegenwärtiger, als wir es für uns
in Anspruch nehmen.
Herr, segne deine Kinder!

Geh hin als Gesegneter des Herrn,
und teile aus,
was du bekommen hast.

Wer seine Zeit allein verplant, übersieht Gottes
Plan zur Gemeinschaft.
Wer sein Geld hortet, verrechnet sich.
Wer sein Wissen für sich behält, ist unklug.
Wer seine Liebe nur gibt, um Gegenliebe zu
erhalten, liebt vor allem sich selbst.

Geh hin als Gesegneter des Herrn,
und teile aus,
was du bekommen hast.

Gesegnet sei deine Hand,
damit du sie deinem Nächsten reichst.
Gesegnet sei dein Fuß,
damit du mit anderen Schritt hältst.
Gesegnet sei dein Blick,
damit du in Liebe den Nächsten siehst.
Gesegnet sei dein Herz,
damit du es Menschen öffnen kannst.
Gesegnet seist du.

Gesegnet der Mensch, der dir von Jesus erzählte.
Gesegnet sei jeder, der dich im Glauben begleitet.
Gesegnet der Mensch, mit dem du
deine Hoffnung geteilt hast.
Gesegnet seid ihr.

Mögen Feinde dir die Hand reichen
und Freunde dich fördern,
mögen Nachbarn dir zuwinken
und Kollegen dich unterstützen,
mögen Alte dir raten
und Junge dich achten.
So segne dich Gott.

Für besondere Anlässe

Diensteinführung

Du bist begabt,
darum brauchen wir dich.
Du bist bewährt,
darum vertrauen wir dir.
Du bist berufen,
darum danken wir Gott für dich.

Du bist gehalten
und doch mit Freiheit beschenkt.
Du bist gesandt,
und darfst immer heimkommen zu Gott.
Du bist gesegnet,
und du wirst ein Segen sein.

Für müde Mitarbeiter

Der Herr helfe dir,
gute Werke zu Ende zu bringen.
Er gebe dir neue Ideen,
um Menschen zu begeistern.
Er lasse himmlische Kräfte auf dich kommen,
um dich zu stärken.
Er beschenke dich mit Geduld,
um Schritt für Schritt voranzugehen.
Er gebe dir Ausstrahlung
durch das Wirken des Heiligen Geistes.
Er belohne dein Vertrauen durch reichen Segen
und motiviere dich,
zu seiner Zeit,
Neues mit ihm anzufangen.

Nach einer Sitzung

Viele Worte sind gewechselt;
Herr, gib uns dein lebendiges Wort.
Viele Termine treiben uns an;
Schöpfer, unsere Zeit steht in deinen Händen.
Viele Ideen verbinden oder trennen;
Vater, offenbare uns deinen heiligen Willen.
Viele Menschen mischen mit;
Gott, bleibe du stets unsere Mitte.

Wenn Streit herrscht

Streite nicht,
weil du verbinden kannst.
Schreie nicht,
weil du beruhigen kannst.
Hasse nicht,
weil du lieben kannst.
So heile dich der Gott des Friedens.

Zum Abendmahl

Gott segne dich durch Brot und Wein
in Jesus Christus, seinem Sohn.
Der lädt dich gerne zu sich ein,
an seinen Tisch, vor Gottes Thron.

Das Brot soll dich erinnern,
dass Jesus für dich starb.
Der Kelch soll dich erinnern,
dass Jesus dir vergab.
Was Christus tat, nimm glaubend an;
aus Liebe hat er es getan.

Das Mahl des Herrn soll dich jetzt stärken
im Glauben und zu neuen Werken.
Gott segnet dich und will dich heilen,
wenn wir jetzt Brot und Wein austeilen.

Gemeindeaufnahme

Sei willkommen in unserer Gemeinde
und nimm Anteil an uns.
Sei willkommen in deiner Gemeinde
und gib uns Anteil an dir.
Sei willkommen in Gottes Gemeinde
und habe Anteil an ihm.

Zur Taufe

Wir taufen dich,
weil du deinen Glauben
an Gottes Sohn bekannt hast.
Wir begleiten dich,
weil wir mit dir auf dem Weg
der Nachfolge sind.
Wir segnen dich,
weil der Heilige Geist
uns als Geschwister verbindet.

Hochzeit

Gott segne euch mit Liebe,
die mehr ist als rote Rosen.
Gott segne euch mit Verständnis,
damit ihr einander nie zum Fremdkörper werdet.
Gott segne euch mit Freude,
denn das Leben ist oft ernst genug.
Gott segne euch mit Vertrauen,
damit sich jeder fallen lassen kann,
ohne sich wehzutun.
Gott segne euch mit Freunden,
damit ihr euch nicht nur um euch selbst dreht.
Gott segne euch mit Glauben,
damit eure Ehe ein Stück Himmel auf Erden sei.

Kinder

Herr, segne dies Kind
als Ausdruck deiner Schöpferkraft.
Herr, segne dies Kind
als Hoffnungsträger für die Zukunft.
Herr, segne dies Kind
als Aufgabe und Gewinn für seine Familie.
Herr, segne dies Kind
als lebendigen Beweis deiner Liebe.

Einschulung; Wort an Eltern

Gott, der uns seine Kinder nennt,
lasse unsere Kinder bewahrt sein
auf ihrem neuen Weg.
Er lasse sie verstehen,
was sie zum Leben brauchen
und beschenke sie mit guten Freunden.

Gott, der alle Kinder liebt,
befähige Männer und Frauen,
gute Pädagogen zu sein,
und segne uns, damit wir liebevolle Eltern
sind und bleiben,
unabhängig von guten Zensuren.

Gott, hilf uns allen, unsere Lektion zu lernen.

Einschulung; Wort für Kinder

Du fühlst dich groß und bist noch klein,
ab heute darfst du Schulkind sein.
Der eine freut sich, ein anderer weint,
weil bei Mama alles viel schöner erscheint.
Doch mit Freunden, alten und auch neuen,
wird's Lernen dich bestimmt erfreuen,
und Lesen, Rechnen, Wörter schreiben
wird dir ab jetzt die Zeit vertreiben.
Man schläft gut, wie daheim im Bett,
trickst Lehrer aus, nicht ganz so nett,
verliebt sich in die Lehrerin –
du siehst, die Schule ist nicht schlimm.
Wenn's klingelt, ist Pause,
und das weiß jedes Kind,
dass Ferien das Beste sind.
Nun aber los, Jesus ist bei dir,
er schützt dich und wacht,
weil er ja niemals Ferien macht.
So beginnt deine Schulzeit mit Gottes Segen
als wichtige Zeit für dein ganzes Leben.

Abschied

Dich loszulassen fällt mir schwer,
dich festzuhalten geht nicht mehr.
Bis wir uns einmal wiedersehen,
wird jeder seinen Weg nun gehen.
Wenn du mich brauchst, dann zähl auf mich.
Gott sei nun mit dir und schütze dich!

Urlaub

Geh mit Gott, dich zu erholen.
Wie ein Kind lasse er dich
in seiner Schöpfung staunen.
Freude überdecke dein Alltagsgrau
mit frischen Farben.
Gott bewahre dir Leib, Seele und Geist
vor allen Gefahren
und lasse dich motiviert
und gestärkt zurückkehren.
So geh nun mit Gott, dich zu erholen.

Segen begleite dich, mein Freund.
Er sei dir vertraut
wie dein Lieblingsplatz in der Natur,
duftend wie eine Blume,
die nur für dich blüht,
bunt wie ein Vogel,
dessen Lied dich aufhorchen lässt,
vielfältig wie Wassertropfen,
die dich erfrischen,
nötig wie die Luft,
die du jeden Augenblick atmest,
schön wie ein Mensch,
von Gott gemacht.
Gottes Segen begleite dich auf Schritt und Tritt.

Im Alter

Deine Lebensjahre
erzählen von der Güte des Herrn.
Von der Kindheit bis ins Alter,
durch Höhen und Tiefen,
allein und gemeinsam.
In Gesundheit und Krankheit,
in Freude und Leid,
ob arm oder reich.
In Glaube und Zweifel,
als Vorbild oder im Scheitern,
mal stark und mal schwach.
Deine Lebensjahre
haben viel Segen gespeichert.
Gott gebührt alle Ehre und Dank.

Krankheit

Gott gebe dir Hoffnung in deiner Krankheit
und heile dich nach seinem guten Willen.
Er begegne dir als der Starke in deiner Ohnmacht
und schenke dir Frieden.
Heute, morgen und in Ewigkeit.

Du kannst nie tiefer fallen als in Gottes Hand.
Auch wenn Krankheit an dir zehrt,
hält er dich fest.
Auch wenn Zweifel an dir nagen,
sieht er deinen Glauben.
Auch wenn du dich einsam fühlst,
ist er bei dir.
So bist du dennoch gesegnet.

Sterben

Wenn Gott dich ruft, dann musst du gehn,
der schwerste Weg ist nicht zu meiden.
Mit Christus wirst du auferstehn,
denn Freude folgt nach diesem Leiden.
Gott selbst führt uns aus dieser Zeit
in seine Welt der Herrlichkeit.

Trost

Der Gott allen Trostes trockne deine Tränen,
begegne dir in deiner Einsamkeit
und stärke deine Hoffnung.

Begleittexte zu bekannten Psalmen

Zu Psalm 1

Gott segne dich mit Beständigkeit
und Zuverlässigkeit,
das Wasser des Lebens lasse dich wachsen
und Frucht bringen.
Dann werden dich Stürme
des Lebens nicht knicken
und du wirst dein Ziel bei Gott haben.

Zu Psalm 8

Kleiner Mensch auf großer Erde,
unter weitem Himmel und zwischen allen Tieren,
du bist Gottes schönster Gedanke.
Deine Lieder sollen ihn preisen.
Auf dir ruht sein Segen.
Um seines Namens willen.

Zu Psalm 13

Gott, der starke Herr,
schütze dich in aller Anfechtung,
er gebe dir Kraft und Willen,
auf ihn zu schauen,
er belohne dein Vertrauen
mit neuer, frischer Hoffnung
und lasse dich wieder singen.
Ihm zur Ehre!

Zu Psalm 23

Der gute Hirte ist an deiner Seite,
darum weiche nicht von ihm.
Er zeigt dir die Richtung, denn er kennt sich aus.
Er gibt dir, was du brauchst,
und niemand kann es dir nehmen.
Sein Name bürgt für Treue.
Sein Haus ist auch deine Heimat.
Sei ihm willkommen und gesegnet!

Zu Psalm 32

Traue dich, Gott in deine trübe Seele
blicken zu lassen.
Stelle dich zu deiner Schuld,
damit du nicht an ihr zerbrichst.
Bitte um Vergebung, dann wird Gott
dir versöhnlich begegnen.
Freue dich über den Frieden,
der deine Seele wieder jubeln lässt.

Zu Psalm 34,1-9

Gott berühre dein Herz,
sodass dein Mund ihn lobe.
Deine Freude über seine Wohltaten
stecke andere an.
Die Boten des Höchsten
seien schützend um dich.
Er selbst lasse dich sein Wohlwollen
mit allen Sinnen erfahren.
So segne dich Gott.

Zu Psalm 36

Lass dich von Ungerechtigkeit
und Gottlosigkeit nicht schrecken,
denn des Herrn Güte umgibt dich,
und seine Wahrheit wird sich durchsetzen.
Er nimmt dich in seinen Arm
und versorgt dich mit dem, was du brauchst,
denn bei ihm triffst du auf die Quelle des Lebens.

Zu Psalm 46

In deiner Not, wenn du nicht weiter weißt
und Schutz suchst,
sei Gott dir der sichere Raum,
den deine Feinde nicht betreten dürfen,
er sei dir der weise Berater,
der dir neue Orientierung gibt,
und der Hausherr, der dich freundlich
zum Bleiben einlädt.

Zu Psalm 62

Der gütige Gott lasse deine aufgewühlte Seele
zur Ruhe kommen.
Bedenke, dass er dich nie fallen ließ.
Vertraue ihm weiter,
denn Menschen enttäuschen.
Er nicht. Darum sei ganz ruhig.

Zu Psalm 73

Wenn dich umtreibt,
dass es gottlosen Menschen gut geht,
und dich aufreibt, dass du Lasten zu tragen hast,
wenn dich aufregt, dass man über dich lacht
und sogar Gott verspottet wird,
dann suche den Herrn in seinem Haus
und in deinem Herzen,
und bedenke, dass er dir Heil und Heimat
zugesagt hat –
allezeit, auf Erden und im Himmel.
So bist du gesegnet!

Zu Psalm 90

Gott, der immer war und ist, mache dich klug,
damit du deine Vergänglichkeit und Begrenztheit
erkennst,
annimmst
und jeden Tag deines Lebens
verantwortlich gestaltest.
Dann wirst du entdecken,
dass er dich unterstützt.
Der Ewige möge dein tägliches Mühen
gelingen lassen.

Zu Psalm 92,1-5

Gott sendet dich in deinen Tag,
vom Morgen bis zum Abend.
Er mache dich reich durch seine Gegenwart,
befreie dich von aller Anklage durch seine Gnade
und spreche dir wahrhaftige Worte zu.
Dann kannst du ihm dein Lob singen,
vom Morgen bis zum Abend.

Zu Psalm 103

Vergiss es nie – Gott hat dir vergeben.
Vergiss es nie – Gott macht dein Leben heil.
Vergiss es nie – Gott ehrt dich
durch seine Barmherzigkeit.
Vergiss es nie – Gott gibt dir eine neue Chance.
Vergiss es nie – Gott will
dein liebender Vater sein.
Vergiss es nie!

Zu Psalm 121

Richte deinen Blick auf Gott,
denn kein anderer kann dir helfen wie er.
Lege dich zur Ruhe,
denn dein Gott wacht an deiner Seite.
Vertraue Augenblick und Ewigkeit dem an,
der dich jederzeit behütet.

Zu Psalm 126

Freude erfülle dein Herz,
denn dein Traum wird wahr.
Gott löst deine Fesseln,
er trocknet deine Tränen
und segnet dich.

Zu Psalm 127

Du mühst dich ab und kämpfst mit Sorgen,
so war es gestern, so wird es morgen.
Der Gott des Friedens will dir begegnen
und dich im Wachen und Schlafen gnädig segnen.

Zu Psalm 150

Sei gesegnet, wenn du Gott begegnest.
Deine Stimme möge ihn ehren und
deine Musik ihm Freude machen.
Stimme ein in den Chor und lobe ihn.
Halleluja!

Eigene Segenstexte schreiben – warum eigentlich nicht?

Eine praktische Anleitung,
nicht nur für Theologen

Wer erfahren hat, dass in Gott die Fülle ist und er sich gern jedem seiner Kinder individuell zuwendet, der kann sich auch auf das kleine Abenteuer einlassen, eigene Texte zu schreiben. Die folgenden Anregungen sollen eine Hilfe dazu sein. Mancher kann das bereits und tut es. Andere können es nicht und tun es trotzdem. Denen und allen, die sich das überhaupt nicht zutrauen, sollen die folgenden Anregungen eine Hilfe sein. Also, wie ich's mache und was mir geholfen hat ...

Ich denke nicht, dass Sie vor Begeisterung strahlen, wenn Ihnen jemand zum Geburtstag diese Zeilen dichtet:

> Ich gratuliere zum Geburtstag dir
> und wünsche mit den Leuten hier
> von Herzen Gottes Segen
> auf allen deinen Wegen.

Außer dem guten Willen des Schreibers, den man vermuten könnte, ist diesem Text nicht viel Erfreuliches oder Interessantes abzugewinnen: der Reim wirkt mühsam und beim Inhalt ahnt man schon, was kommt, nämlich das Übliche. Altbacken eben. Es wirkt wie auf den letzten Drücker geschrieben. Wie könnte der Gratulant es anders machen? Auch das sei am Beispiel eines Geburtstagswunsches erklärt:

Lieber Sven, gern bin ich auch
als Gratulant zugegen,
und wünsche – nicht nur weil es Brauch –
von Herzen Gottes Segen.

Oder vielleicht so:

Geburtstag? Klar, ich misch mich gern
unter deine Gäste
und wünsch dir Segen, den vom Herrn,
d.h.: das Allerbeste!

Oder noch mutiger?:

Ne Fete? Cool, und ich darf kommen
zum Feiern mit den andren Frommen.
Ich gratuliere gerne dir
zunächst mit Segen, dann mit Bier.

Unsere Sprache bietet, auch im Kontext der christlichen Gemeinde, viele Möglichkeiten, interessant und abwechslungsreich zu sagen, was wir auf dem Herzen haben. Und genau darauf kommt es an. Was habe ich denn auf dem Herzen?

Ich muss mir bewusst sein, was ich einer einzelnen Person oder einer Gruppe, zum Beispiel in der Gemeinde, als Segenswunsch sagen will. Denn nur wer etwas zu sagen hat, hat auch etwas zu schreiben. Dann geht es »nur« noch darum, das auch sprachlich angemessen und lebendig auszudrücken.

Was habe ich auf dem Herzen, wenn ich an jemanden denke? Ich möchte einem anderen Menschen die Fülle des göttlichen Segens, das breite Spektrum seiner Liebe, sozusagen den *»großen Scheck«* Gottes, in *»kleine Münze«* wechseln. Zunächst muss ich also davon überzeugt sein, dass Gott den anderen segnen will und segnen wird, und muss es ihm wünschen. Wenn diese Voraussetzungen nicht gegeben sind, wäre ein Segenswort unehrlich und es sollte darauf verzichtet werden.

Großer Scheck und kleine Münze

»Segen«; »alles Liebe«; »alles Gute«; »viel Glück« – das sind zwar keine falschen Aussagen, aber sie sind unkonkret. Es wird spannend, es macht nachdenklich bzw. dankbar, wenn wir ins Detail gehen:

- Ich wünsche dir, dass du das Gelernte beim Examen abrufen kannst.
- Gott segne dich durch Geduld bei deiner Arbeitssuche.
- Der Herr gebe uns ein brennendes Herz für verlorene Menschen.
- Gott segne dich morgens, wenn du Mühe hast, deinen Tag zu beginnen.
- Der Friede Gottes helfe euch, in gegenseitiger Achtung eure Ehe zu gestalten.

Konkrete Formulierungen sind lebensnah und ermutigend. Also muss uns neben der Zielgruppe bzw. der Person der *Anlass* für das Segenswort beschäftigen. Auch dabei hilft es, sich sehr konkret hineinzudenken:

- Es geht um einen Geburtstag.
- Es geht um Maikes Geburtstag.
- Maike ist jung.
- Sie ist arbeitslos und deprimiert.
- Maike hat wenige Freunde.
- Sie glaubt an Jesus Christus.

So rundet sich das Bild ab, und ein Segenswunsch könnte darauf Bezug nehmen:

Liebe Maike, lass den Kopf nicht hängen. Jesus, dein Herr, arbeitet bestimmt mit Hochdruck daran, dass du bald neue Arbeit findest. Zieh dich nicht zurück, denn wir brauchen dich. Ich wünsche dir Gottes Segen durch andere Menschen und dass andere Menschen durch dich gesegnet werden.

Wie könnte so eine Konkretisierung in Bezug auf die Gemeinde aussehen?

- Wir sind eine alte Gemeinde.
- Wir tun uns schwer mit Kontakten nach außen.
- Unsere Mitgliederzahl geht zurück.
- Eine Evangelisation ist geplant.
- Viele müssten mitarbeiten.

Daraus könnte sich folgender Segen ergeben:

Herr, segne uns durch
ein brennendes Herz für dich.
Segne uns durch Liebe
zu verlorenen Menschen.
Segne uns in der Planung
und Durchführung der Evangelisation.
Segne die Menschen
in unserer Stadt durch uns.
Segne deine Gemeinde und lasse sie wachsen.
Zu deiner Ehre.

Übung macht den Meister

Gute Texte sind gereifte Texte, sie haben in der Regel einen Wachstumsprozess hinter sich. Das gilt für die meisten Predigten, es gilt für Moderationen, für Beiträge im Gemeindebrief und für Segensworte.

Wenn die bisherigen Punkte (Segenswunsch, Zielgruppe, Anlass und Konkretion) klar sind, kann man etwas zu Papier bringen (oder in den PC tippen). Ich mache es so, dass ich mir meine Sätze dann selbst vorlese, meist laut, denn das ist eine Hilfe zur Konzentration. Ich stelle Sätze oder einzelne Worte um. Nun lege ich den Text erst einmal zur Seite. Stunden oder auch Tage später (wenn man so viel Zeit hat), nehme ich mir das Geschriebene wieder vor und bastle sprachlich oder inhaltlich weiter. Nur wenige Texte gelingen auf Anhieb so gut, dass ich auch mit zeitlichem Abstand noch zufrieden bin und sie so lasse.

In der Regel überarbeite ich Texte ein- bis dreimal, wenn es sein muss, sogar noch öfter, denn heute passt vielleicht ein anderes Wort besser als die Formulierung von gestern, oder ein neuer Gedanke ist mir in den Sinn gekommen. Ich sortiere platte Aussagen aus und lasse das Ergebnis auf mich wirken. Je nach Anlass rede ich mit Gott über mein Vorhaben. Und manchmal lasse ich andere Menschen den Textentwurf lesen, denn ihre Gedanken können mich bereichern – können, müssen aber nicht.

Und wenn es nicht klappt? Dann kann man neu anfangen, nach dem Motto: »*Wenn es so nicht geht, dann vielleicht anders.*« Wichtig ist hier das »*vielleicht*«, denn wir »*kleben*« manchmal an Ideen und einzelnen Wörtern, weil sie uns so gefallen. Das kann zur Sackgasse werden und zum Krampf, kann uns aufregen und ärgern. Und dann ist nicht nur die Freude, sondern vielleicht auch ein bisschen Segen auf der Strecke geblieben.

Bevor aus der guten Idee eine unendliche Geschichte wird, ist es wohl besser, die Sache abzubrechen. Auf keinen Fall sollte man etwas erzwingen. Dann sollte man doch lieber auf bestehende Texte zurückgreifen. Dass es dieses Scheitern an eigenen Texten gibt, möchte ich nicht verschweigen, wenn ich hier aus dem Nähkästchen plaudere.

»Kirchisch« oder normal?

Wenn wir Texte schreiben, sollte sich ein lustiges Gedicht bei der Familienfeier vom Segenswort nach einem Gottesdienst unterscheiden, ohne gekünstelt zu wirken. Wer keinen Humor hat, sollte die Partygäste mit literarischen Ergüssen lieber verschonen. Und wer in der Gemeinde nicht »normal« reden kann, sondern sich sprachlich nur auf »Kirchisch« auszudrücken vermag, den möchte ich auch gern bremsen. Gottes Segen ist immer etwas Konkretes im Alltag ganz normaler Menschen. Deshalb sollten wir uns bemühen, auch normal verständlich zu reden. (Das heißt wiederum nicht, dass »Gossensprache« auf die Kanzel gehört!)

Wir reden (und schreiben) so, »wie uns der Schnabel gewachsen ist«, das heißt, wie wir es gelernt haben. Unsere Sprache lässt tief blicken, sie offenbart viel von uns. So kann man zum Beispiel manchen Beamten an seiner Wortwahl erkennen. Aber auch manche Christen, wenn sie »kirchisch« reden oder »kanaanäisch«. Im Lauf der Kirchengeschichte hat sich hier eine Insidersprache entwickelt, die Menschen ohne christlichen Hintergrund nicht verstehen können. Ich möchte ein paar Beispiele nennen: »sich bekehren«, »die Losung lesen«, »sein Leben übergeben«, »die gute Nachricht hören«, »Zeugnis geben«, »sich auf die Herrlichkeit freuen, denn dort hat Jesus die Stätte der himmlischen Wohnungen vor dem Thron des Höchsten schon bereitet« ... Ich will mich keinesfalls darüber lustig machen, sondern aufzeigen, dass wir uns allgemein verständlich ausdrücken sollen.

Gefäße und Inhalte

Worte sind wie leere Gefäße, die jeder mit dem ihm vertrauten Inhalt füllt. Beim Wort »Vater«

denkt Hans an seinen Vater, der sehr streng war. Martina liebt ihren Papa und hat kein Problem mit ihm. Bruder Krause denkt an den himmlischen Vater, und Annette weint, denn ihr leiblicher Papa ist erst vorgestern gestorben.

Worte sind von uns inhaltlich belegt. Denken Sie zum Beispiel nur einmal an die Begriffe »Gemeinde«, »Urlaub«, »Kinder«, »Nationalbewusstsein«, »Christsein« ... Wir reden ganz selbstverständlich davon, denn wir wissen ja, was wir meinen, aber weiß es auch der andere? Kann er uns verstehen oder hat er ein ganz anderes Verständnis von diesen Dingen? Kann er meine Botschaft entschlüsseln? Das geht nur, wenn der Schlüssel ins Loch passt, wenn wir uns über die Inhalte unserer Worthülsen verständigt haben.

Ich möchte noch einige sprachliche Varianten nennen, die es evtl. zu bedenken gibt:

- Bildungssprache (Fremdwörter): »analog«, »kollidieren« ...
- Gehobene Sprache: »sich befleißigen«, »eine Bürde tragen« ...
- Amtsdeutsch: »abschlägig«, »anbei«, »unter Bezugnahme auf« ...
- Alte Dichtung: »Lenz«, »Gefilde«, »Isegrimm« ...
- Umgangssprache: »eine Meise haben«, »ein Knüller sein«, »Geiz ist geil« ...
- Derbe Sprache: »die Schnauze halten«, »sich besaufen« ...
- Familiensprache: »wie ein Spatz essen«, »ein Nickerchen machen«, »die bessere Hälfte« ...

○ Abwertende Sprache: »*Wisch*«, »*Schiebung*« ...
○ Verhüllende Sprache: »*einschlafen*« (für »*sterben*«), »*stark*« (für »*übergewichtig*«) ...

Bedeutung der Synonyme

Es steckt ein großer Reichtum in unserer Sprache und wir können ihn nutzen – durch Synonyme!

Beim Erlernen einer Fremdsprache stellen wir fest – und leiden manchmal beim Vokabelpauken darunter –, dass ein Wort mehrere Bedeutungen haben kann. Das englische Wort *love* kann zum Beispiel entweder »*Liebe*«, »*Liebschaft*« oder »*Angebetete*« bedeuten, es kann aber auch als Verb gebraucht werden. Wenn wir im Deutschen von Liebe reden, auch in der christlichen Gemeinde, wollen wir dann etwas über Gottes Liebe aussagen oder über die Liebe zwischen Ehepartnern oder doch nur zwischen Freunden, oder geht es um Sexualität? Hier bietet die griechische Sprache zum Beispiel mehrere Worte an: *agape, eros, philia, sexus.*

Die Frage ist also: Welches Wort passt in einem bestimmten Zusammenhang und ist für die Situation, in die ich hineinreden oder schreiben will, angemessen? Passende Wörter für eine bestimmte Aussage sind wichtig. Aber immer das gleiche Wort zu wählen wirkt langweilig, darum sind andere Worte (Synonyme) für die gleiche Aussage wie frischer Wind:

- Mensch: Person, Nächster, Mann, Frau, Kind, Ebenbild Gottes
- Wunsch: Bitte, Sehnsucht, Wille, Hoffnung, Begehren, Drängen
- Bibel: Gottes Wort, Heilige Schrift, Altes und Neues Testament, Gute Nachricht

Das gilt auch bei Verben:

- Lachen: fröhlich sein, lächeln, Humor zeigen, grinsen
- Loben: preisen, ehren, anbeten, erheben, groß machen, verherrlichen
- Dienen: arbeiten, mitarbeiten, helfen, unterstützen, Gaben einsetzen

Vorsicht beim Reimen!

Reime sollte man auf keinen Fall erzwingen. Denn gute Reime zu schreiben ist eine höhere Kunst. Es macht jedoch viel Spaß, schon allein durch die Variationsmöglichkeiten beim Reimen. Da gibt es zum Beispiel den Haufenreim, bei dem alle Endungen den gleichen Klang haben, oder den Kreuzreim, bei dem sich erste und dritte, zweite und vierte Zeile reimen. Oder den Schweifreim, bei dem das Reimschema aab ccb lautet, das heißt, der Reim für die dritte Zeile folgt erst in der sechsten Zeile. Schauen wir uns ein paar Beispiele an.

Mein Segenswort zum Abendmahl ist ein Kreuzreim (ab ab):

Gott segne dich durch Brot und *Wein*
in Jesus Christus, seinem **Sohn.**
Der lädt dich gerne zu sich *ein,*
an seinen Tisch, vor Gottes **Thron.**

Weitere Möglichkeiten beim Reimschema sind: a bbb a oder ab cb oder das Schema, nach dem die Limericks gereimt werden: aa bb a. Oder auch der Paarreim: aa bb. Ihn habe ich beim Begleittext zu Psalm 127 verwendet:

Du mühst dich ab und kämpfst mit *Sorgen,*
so war es gestern, so wird es *morgen.*
Der Gott des Friedens will dir **begegnen**
und dich im Wachen und Schlafen
gnädig **segnen.**

Ob mir diese Reime gelungen sind? Entscheiden Sie selbst!

Ich rate auf jeden Fall zur Vorsicht beim Reimen, denn man wird meist an den Menschen gemessen, die es richtig gut können oder an alten Schriftstellern und Liederdichtern, deren Texte zwar oft sprachlich überholt, aber zum geschätzten christlichen Allgemeingut geworden sind. Außerdem erinnert schlechte Poesie zu sehr an platte Gereimtheiten in alten Poesiealben und entlockt dem Zuhörer eher ein mühsames Lächeln statt der gespannten Aufmerksamkeit, die man sich wünscht, und so bleibt der geistliche Gewinn evtl. auf der Strecke.

Die meisten Segenstexte in diesem Buch sind also ohne Reim, aber nicht ohne sprachlichen Rhythmus. Meditative Zeilen und gute Wünsche kann man auch schreiben, ohne diese Aspekte zu beherzigen, das klingt dann wie in einem Brief, denn dort gibt es normalerweise keine Reime und keine rhythmische sprachliche Betonung.

Aber wenn die vorgetragenen Texte sich einprägen sollen, empfehle ich aus den Anforderungen, die an Lyrik gestellt werden (Reim, Rhythmus, Metrik, Takt, Vers, Strophe) wenigstens den Rhythmus bzw. eine angepasste Zeilenlänge zu übernehmen. Dann klingt es beim Lesen nicht holprig und jemand, der einen unbekannten Text vorliest, gerade auch in einer Gruppe, hat es damit einfacher. Ein Beispiel:

Gott ist so herrlich,
dass du dich seiner nie schämen musst.
Gott ist so reich,
dass du seine Liebe nie ausschöpfen kannst.
Gott ist so gnädig,
dass du keine Sünde vor ihm zurückhalten musst.
Gott ist so nah,
dass du in Christus seinen Atem spürst.

Schon allein die Zeilenlänge gewährleistet, dass der Text flüssig zu lesen bzw. zu sprechen ist. Jedes weitere Wort würde stören. Aber, wie Sie an meinen Texten in diesem Buch sehen, sind auch keine weiteren Worte nötig, wenn es sich am Schluss – nicht reimen muss!

Auch ohne Reim kann sich ein Text gut einprägen,
und zwar durch Wiederholungen:

Gesegnet der Mensch, der dir von Jesus erzählte.
Gesegnet sei jeder, der dich im Glauben begleitet.
Gesegnet der Mensch, mit dem du
deine Hoffnung geteilt hast.
Gesegnet seid ihr.

Ebenso einprägsam sind inhaltliche Gegenüber-
stellungen oder eine Entwicklung im Text, wie wir
sie im zweiten Beispiel durch das Rückführen von
Ewigkeit auf den Tag und Augenblick haben:

Du wünschst dir Menschen,
Gott gebe dir Freunde.
Du wünschst dir Wissen, Gott gebe dir Weisheit.
Du wünschst dir Gaben,
Gott gebe dir eine Aufgabe.
Du wünschst dir Heilung, Gott gebe dir Heil.
Du wünschst dir Glauben,
Gott gebe dir Vertrauen.
Du wünschst dir Ruhe, Gott gebe dir Frieden.

Von Ewigkeit zu Ewigkeit
wird Gott dir gegenwärtig sein.
Von Tag zu Tag
wird Gott dich führen.
Von Augenblick zu Augenblick
wird Gott dich segnen.

In der Kürze liegt die Würze, aber auch eine besondere Herausforderung. Wenig Text ist einprägsam und reizt zum wiederholten Lesen, zum Abschreiben und Weitergeben oder Auswendiglernen. Auch dazu zwei Beispiele:

> Was du heute tust – Gott weiß es.
> Was du heute glaubst – Gott ermöglicht es.
> Was du heute brauchst – Gott gibt es.

> Gnade ist wichtig, damit du Jesus suchen kannst.
> Gnade ist wichtig, damit du Jesus finden kannst.
> Gnade ist wichtig, damit du Jesus folgen kannst.

Ungewöhnliches statt Altgewohntes

Einen Geburtstagsgruß habe ich einmal mit den Worten begonnen »*Frühling, Sommer, Herbst und Ostern; Montag, Dienstag, Mittwoch, nachts …*« Dieser sprachliche Überraschungseffekt erzeugte eine hohe Aufmerksamkeit und war ein guter Aufhänger, um auf die Gegenwart Gottes hinzuweisen.

Eine andere Geburtstagsgratulation könnte so aussehen:

> Dir zu gratulieren ist keine Pflicht.
> Sie könnt dich nicht erfreuen.
> Dir zu gratulieren ist meine Kür.

> Dir zu gratulieren meint mehr als Glück:
> Gott kann dir Gutes geben!
> Dir zu gratulieren soll deshalb Segen sein.

An diesem Text wird erkennbar, dass man mit wenig sprachlichem Werkzeug (hier sind es ja nur die Begriffspaare Pflicht – Kür und Glück – Segen) etwas aussagen kann. Nun möchte ich noch einmal zur Person bzw. zum Anlass zurückkommen: Handelt es sich um einen Geburtstag, oder mache ich einen Besuch bei einem Kranken? Will ich ein Kind zur Einschulung segnen, oder entlasse ich die Gemeinde nach dem Gottesdienst in die neue Woche? Es ist unentbehrlich, dass wir uns in die Situation hineindenken, wie anfangs beschrieben. Und dass wir mit Gott im Gespräch sind. Dann kann ich diesen Menschen sogar segnen, ohne ihm gegenüberzusitzen. Ich kann ihm von Gott her Gutes wünschen und meinen Teil dazu beitragen, dass sich dieser Wunsch erfüllt.

Gute Wünsche und Segen lassen sich recht geschickt und ansprechend in Worte fassen. Aber stehe ich mit meiner Person dahinter? Ist der Text, ist der Wunsch authentisch? Darum geht es vor allem!

Wenn wir nur bei der Hälfte aller guten Wünsche und Segensworte, die wir Einzelpersonen oder Gruppen zusprechen, mithelfen würden, dass die Wünsche Wirklichkeit werden, hätten wir eine Menge zu tun.

So weit ein kleiner Blick in meine Segenspraxis und in meinen Schreibstil. Es geht natürlich auch anders. Aber ohne Segen gehen geistliche Texte gar nicht! Darum:

Gesegnet sei dein Blick,
damit du dich in Menschen hineindenken kannst.
Gesegnet sei dein Wunsch,
dem anderen von Gott Gutes zu gönnen.
Gesegnet sei dein Wort,
damit es das Herz des anderen erreicht.
Gesegnet sei deine Tat,
mit der du zum Wohlergehen
des anderen beiträgst.